LODGE
DUTCH OVEN COOKING

ダッチオーヴン・クッキング
西部開拓時代から続く鉄鍋レシピの知恵と工夫

J. Wayne Fears　**Kazuyo Friedlander**
ジェイ・ウェイン・フィアーズ　カズヨ・フリードランダー 訳

A&F

LODGE
DUTCH OVEN COOKING
ダッチオーヴン・クッキング
西部開拓時代から続く鉄鍋レシピの知恵と工夫

CONTENTS

4 **INTRODUCTION** はじめに

8 **CHAPTER 1** 高品質のダッチオーヴンは
どのように作られるか

14 **CHAPTER 2** ダッチオーヴンが
世界で愛される理由

18 **CHAPTER 3** ダッチオーヴンを使いこなす
15の方法

26 **CHAPTER 4** チャコールブリケットを
使ってみよう！

32 **CHAPTER 5** キャンプファイヤーの
炭を使いこなす

44 **CHAPTER 6** ビーンホール料理に
挑戦してみよう！

50 **CHAPTER 7** ダッチオーヴンの洗浄と
メンテナンス

56 **CHAPTER 8** ダッチオーヴン料理に
便利な道具

68 **CHAPTER 9** ダッチオーヴンで作る
イージーブレッド

70 テイター・ノブ・ホーケーキ
72 バノック
74 南部風ビスケットとカントリーグレーヴィー
76 カントリー・ダッチ・コーンブレッド
78 サワードウ・ビスケット
80 アップルソース・ブレッド

82 **CHAPTER 10** メインディッシュ

84 ブランズウィック・シチュー
86 サンタフェ・スープ
88 チリ・コン・カーン
90 ビッグ・ウッズ・チキン
92 フレンチ・ベイクド・サーモン

94 ロングハンター・ミートローフ
96 コーンブレッド入りルーベン・キャセロール
98 ノースロップ風オヒョウ・ステーキ
100 豚肉と野菜のダッチオーヴン蒸し
102 テンダーロースト
104 サラのビーフシチュー
106 ひな鶏のロースト
108 山男の朝食
110 ビーンホール・ポットロースト＆野菜
112 ベースキャンプで作るワンポット鶏肉料理

114 **CHAPTER 11** サイドディッシュ

116 アニーダのマカロニ＆チーズ
118 ひき割りトウモロコシのキャセロール
120 ミス・バムのビーンホール・ビーンズ
122 ジャック・スクワッシュ
124 スタッフド・ベークド・アップル
126 ミス・ボボスのスイートポテト

128 **CHAPTER 12** デザート

130 パイナップル・アップサイドダウンケーキ
132 シンプル・ピーチコブラー
134 ロジャーのスピード・コブラー
136 フレンチ・ココナッツパイ
138 ソフィーのアップルパイ
140 幌馬車隊のブレッドプディング
142 トリプル・チョコレートケーキ

144 **CHAPTER 13** ダッチオーヴンの歴史

150 **CHAPTER 14** ロッジ・マニュファクチャリング社
訪問記

158 A&F取り扱いロッジ製品

ダッチオーヴンはあらゆる料理に使える魔法の鍋だ

INTRODUCTION
はじめに

パンを焼いたり、野菜を蒸したり、エビをゆでたり炒めたり、
肉を煮込んだり焼いたりできる万能鍋がテレビショッピングやオンラインショップで販売されていたら、
興味を持つ人は少なくないだろう。その鍋がフッ素樹脂加工されていない上に、
キッチンでも暖炉でもアウトドアでも使えるとしたら?
おまけに何世代にも渡って使えることが保証されていたら、とても魅力的に見えるはずだ。
そして、それほど便利な鍋なら、間違いなく、実際に見てみたいと思うに違いない。
ダッチオーヴンは、まさにそんな「魔法の鍋」だ。

一般的にダッチオーヴンと呼ばれる鋳鉄(キャストアイアン)の鍋には、さまざまなデザインがある。

たとえば、長い脚が付いたタイプは「ポイキー」と呼ばれ、アフリカのサファリ旅行に使われるので有名だ。その歴史は1500年代までさかのぼる。

また、焚き火の上に吊しながら料理がしやすいように、鍋底が丸く造られているものもある。底が平らなタイプは、コンロやグリルにのせて使うため、「キッチン・ダッチオーヴン」と呼ばれることが多い。

アウトドアで使う「キャンプ・ダッチオーヴン」は、一般的に底が平らな厚い鋳鉄鍋で、5cmほどの長い脚が3本付いている。蓋は鍋と同じ鋳鉄で造られ、ループ型のハンドルが付き、鍋には頑丈な鋳鉄製の持ち手が付いている。蓋の周りには縁取りがあり、蓋の上に炭を置いても落ちないように工夫されている。

ダッチオーヴンは、何世紀にも渡って料理人を魅了してきた。なかでも、北米大陸では、大西洋を渡って住み着いた開拓者たちに愛されてきた。1日のすべての食事を、この鋳鉄鍋でまかなうことができたからだ。

そして今、21世紀に生きる私たちにとっても、ダッチオーヴンは興味深く、価値のある調理器具だ。その証拠に、炭をおこさなければ料理ができない時代ではないのに、野外パーティーやキャンプ旅行で、あえて炭を使い、ダッチオーヴン料理を楽しんでいる人たちが大勢いる。

ダッチオーヴンなら 手間なくおいしい料理が作れる

ダッチオーヴンの魅力は、なんといっても手間をかけなくても、おいしい料理が作れることだ。そして、ダッチオーヴンを囲むと、そのシンプルな形や色を眺めているだけで、温かい気持ちになる。ダッチオーヴンは、家族や友人との食事をより楽しい時間に盛り上げてくれるだろう。

近年、インターネットのおかげで、さまざまなダッチオーヴン料理が検索しやすくなった。また、ダッチオーヴン料理を囲む集まりは、愛好家はもちろん、キャンプ生活を楽しむ旅行者たちにも人気だ。

ダッチオーヴンのファンたちは、愛好会を組織したり、国を越えたダッチオーヴンの愛好家団体を作ったりしている。そうした愛好家たちがダッチオーヴンの情報やノウハウを人々に提供することで、さらにファンが増えている。いまやダッチオーヴンは、単なる調理器具という存在を越えて、趣味の一つとして、広く愛されているのだ。

　もちろん、アウトドアのガイドやカウボーイ、都会から遠く離れた地に住む人々にとっては、今もダッチオーヴンは、日々の食事に欠かせない調理道具だ。また、停電や災害のときなど、万が一のサバイバルを考えて、ダッチオーヴンを備え、料理法を学んでおくことは、有効な防災になるだろう。

　人によっては「ダッチオーヴンは手入れが面倒」と言うこともある。確かに、ダッチオーヴンは使い始めに手入れをしなければならず、うまく使いこなすには、コツを学ぶ必要がある。しかし、一度、使い方を覚えてしまえば、これほど楽しい調理道具もない。

　いくらでも料理のレパートリーが増やせるし、ダッチオーヴンは手入れをするたびに光り輝いていく。経験豊富なダッチオーヴンの料理人と語り合う楽しみもある。

　本書は、北米大陸で親しまれているダッチオーヴン料理やダッチオーヴンの歴史、扱い方、楽しみ方を紹介している。登場するレシピや調理法は、長く厳しい旅を続けてきた西部開拓者の伝統から生まれたものだ。荒野の中で限られた食材を使い、焚き火のなかでダッチオーヴンを駆使し、おいしい料理を作ろうとする最大限の工夫が息づいている。

　野外での料理は家庭料理とは異なり、材料の選び方や分量に勘と経験が必要になる。本書のレシピも日本の料理本に比べると、かなり記述がラフなことに驚くだろう。しかし、その自由さがダッチオーヴン料理の醍醐味だ。

　本場の味を想像する文献として楽しみながら、ダッチオーヴン

ダッチオーヴンにはいろいろなタイプがある。一般的に「キャンプ・ダッチオーヴン」と呼ばれるのは、中央の鍋だ

料理にチャレンジするときの参考にして欲しい。パイオニア精神にあふれる西部開拓者に習い、日本で手に入る似たような食材を使ってアイデアを加えていけば、間違いなく自分だけのオリジナルの味が楽しめるはずだ。

　ダッチオーヴンは扱い方のコツさえつかめば、一生の楽しみとおいしい料理をもたらしてくれる。そして、自分流に使いこなすようになれば、さらにダッチオーヴンの楽しみ方の幅は広がっていくだろう。

【本書のレシピについて】
・1カップは、米国で使われている計量カップの240mlになる。大さじ、小さじは日本の計量スプーンと同じでよい。
・アメリカで使われる一般的な小麦粉「オールパーパスフワラー」は、日本では中力粉に当たるが、薄力粉で代用できる。
・アメリカならではの肉や野菜、ミックス粉などを使っているレシピもあるが、どれもシンプルな調理法なので、日本で手に入る食材や市販のシーズニングなどで代用しながら、料理を楽しんで欲しい。

カウボーイや狩猟ガイドにとっては、ダッチオーヴンは今も日々の暮らしに欠かせない

はじめに　7

ロッジ社のダッチオーヴンはシーズニングを済ませてから出荷される

CHAPTER 1

HOW A QUALITY CAST IRON DUTCH OVEN IS MADE
高品質のダッチオーヴンはどのように作られるか

伝統的な製造法に最新技術を加えた
ダッチオーヴンの製造工程

ダッチオーヴンは、さまざまなメーカーから市販されている。一生ものもあれば、そうでないものもあり、値段もさまざまだ。高品質のダッチオーヴンは、どのように作られるのだろうか。

私は、ダッチオーヴンの製造現場をどうしても見たくなり、米国テネシー州サウス・ピッツバーグにあるロッジ・マニュファクチャリング社（以下ロッジ社）の工場を訪ねた。私が知るダッチオーヴン料理愛好家の多くは、製造工程に興味を持ち、ロッジ社への訪問を夢見ている。私が知っているテキサス州幌馬車料理大会の優勝者は、妻とロッジ社の工場を訪ねるために、わざわざ休暇を取ったほどだ。

私の取材に対応してくれたボブ・ケラーマン氏によると、鋳鉄製品の基本的な製造方法は、この600年余り、ほとんど変わっていないそうだ。変わった点といえば、技術の進歩によって製造に使われる道具と製造のスピード、仕上げの質が向上したことだ。

たとえば、原材料の鉄を溶かすとき、昔はコークス燃料の溶解炉が使われていたが、現在は電気炉が使われるようになった。また、職人がダッチオーヴンの型に1つひとつ流し入れていた工程が、現在では機械化されている。

ボブは私に、「鋳型から作り出す工程をオートメーション化したおかげで、製品の質がコントロールしやすくなり、クリーンに高速で製造できるようになった。品質はつねに安定しているよ」と、自慢げに胸を張った。

私が訪ねる少し前、サウス・ピッツバーグの工場では、溶解炉の大規模な拡大工事を終わらせたばかりだった。10tの溶解炉を2機完成させ、2014年2月から、鉄の溶解を開始している。同年の11月初旬には、ショットブラスト機が稼働し、その6日後には、自動鋳型製造機やDidion社のクリーニングマシン、シーズニングをほどこす新しい洗浄スプレー機が稼働し始めた。

鋳型の製造とリサイクルのために作られた2つの塔は、それぞれ36mと30mもの高さがあり、サウス・ピッツバーグの眺めを変えてしまうほど目立っている。ロッジ社は、この拡大工事によって、国内外向けに製造している120種類の生産量を約50％アップさせることに成功したという。

ダッチオーヴンは
9つの工程から造られる

ロッジ社の工場見学は、私にあらためてダッチーヴンへの敬愛を深めさせてくれた。具体的にダッチオーヴンの製造工程を見ていこう。

製造工程のすべてにおいて、担当者は品質管理に細心の注意を払っている

1. ダッチオーヴンのデザインに合わせて、鋳型を作るための型を作る。この型には、鉄を流し込むための通門や溝がところどころ付けられている。
2. 1の型を鋳型製造機にはめ込み、非常に細かい砂を高圧力で圧縮しながら鋳型の形に成形していく。1つひとつのロッジ製品は、この鋳型に入れて作られるので、鋳型の材料になる砂の質はとても重要だ。ロッジ社では、ダッチオーヴンのスペックに合わせて調合したものを専門業者にオーダーし、納品された砂を社内でさらに注意深く点検している。
3. 2の鋳型に約1370℃に熱した溶鉄を流し込む。鉄は約1093℃で溶解するが、ロッジ社では、さらに約426℃の熱を加えて、可能な限りの流動性を鉄に与えている。こうすることで、正確な型取りができる。また、デザイン通りのダッチオーヴンを製造するには、鉄も高品質でなければならない。そこで、ロッジ社では「スペクトロメーター」という機械を使って、詳細な品質管理を行っている。
4. 鉄の温度が下がり、硬化したら、ダッチオーヴンは機械を使って自動的に鋳型から外される。
5. 鋳型から取り出されたダッチオーヴンには、鋳型に使われていた砂が多量にこびりついている。そこで、ショットブラスト機を使って金属を吹き付け、砂を吹き飛ばし、きれいに取り除く。
6. さらに溶鉄を注入した際にできた不要な鉄を削り落とす。
7. 鉄の研磨機に8分間入れ、鋭いバリの部分などをすべて落とし、表面をなめらかな状態に整える。
8. 大豆が主成分の植物油を鍋全体にスプレーし、高温で熱する。このシーズニングの工程を経ることで、灰色から黒い輝きを持つダッチオーヴンができあがる。
9. 仕上がったダッチオーヴンは梱包され、種類ごとのラベルを貼られ、パレットに載せて倉庫に保管される。

ロッジ社の工場見学で、私がもっとも感心したのは、どの工程も担当者が入念に品質管理に目を光らせていたことだ。ほんの小さな傷や不具合が見つかっても、問題のある製品は工程から取り除かれていた。

また、ダッチオーヴンの製造に使われた鋳型は、リサイクルされている。鋳型は細かい砂状になるまで砕かれ、粘度と水を混ぜて鋳型製造機に戻され、再び鋳型用の材料になるのだ。工場で1時間にリサイクルされる砂は約10t、鉄は約6tにも上るという。

冒頭に書いたように、これほど細心の注意を払って造られた製品が、なぜ何百ドルもの価格にならないのか、私は不思議でたまらない。最新の技術と効率の良い機械生産、そして優れたマネージメントのおかげで、私たちは手頃で丈夫なダッチオーヴンを手に入れることができるのだ。工場で働く人たちには、深く感謝したい。

人数や料理で分けられる
ダッチオーヴンの種類

　ロッジ社は、5インチから14インチまでのダッチオーヴンを製造し、サイズによっては浅型、深型の両方を製造している。浅型のスタンダードタイプの場合、6インチ型と8インチ型のともに深さは3インチだ。10インチ型の深さは3と1/2インチ、12インチ型は3と3/4インチになる。

　一方、深型のダッチオーヴンは主に肉料理用に考えられている。10インチ型は深さが4インチ、12インチ型と14インチ型は深さが5インチだ。

　13ページの表を参考にすると、ダッチオーヴンを選ぶとき、どれくらいの人数用なのか、どんな料理に向いているのかの目安になるだろう。

　ダッチオーヴン料理に慣れた料理人は、複数の料理を作るとき、決して1つの鍋ですべての料理を作ろうとはしない。いくつかの鍋を使い分けることで、同時に調理を進めることができるからだ。

ロッジ社のダッチオーヴンが製造時にすべてシーズニング済みであることを説明するボブ・ケラーマン氏（左）と筆者

溶解された鉄を鋳型に注ぎ込む注入器に移しているところ

第Ⅰ章　高品質のダッチオーヴンはどのように作られるか

ダッチオーヴンのサイズは、蓋の直径を計ると分かる。直径が12インチであれば、12インチ型ということだ

ダッチオーヴンのサイズと容量、人数の目安

サイズ（インチ）	容量（ℓ）	人数（人）	重さ（kg）
6	0.95	1	2.3
8	1.9	2〜4	5
10	3.8	4〜7	5.9
10（深型）	4.7	8〜10	6.4
12	5.7	12〜14	9.1
12（深型）	7.6	16〜20	9.5
14	7.6	16〜20	11.8
14（深型）	9.5	22〜28	12.2
16	9.5	22〜28	15.9

※表は米国ロッジ社の取扱商品を元にしている

安定した加熱が得られることもダッチオーヴンの魅力だ

CHAPTER 2

THE BENEFITS OF CAST IRON DUTCH OVENS

ダッチオーヴンが世界で愛される理由

ダッチオーヴンというと、鋳鉄製を思い浮かべるが、
じつはアルミニウム合金やステンレス製もある。鋳鉄製ダッチオーヴンが長い歴史を持ち、
伝統的にシェフたちに愛されてきたのは、調理器具として優れているからだ。
鋳鉄製ダッチオーヴンの利点を挙げていこう。

何世代も使い続けられる

鋳鉄製ダッチオーヴンは、親から子へ、子から孫へ、何世代にも受け継がれ、使い続けられることがよく知られている。現在も使われているもののなかには、100年を遙かに越えているものも珍しくない。

開拓時代の米国では、遺言書に書き加えられるほど、鋳鉄製ダッチオーヴンは、代々、受け継がれる大切な財産だった。

たとえば、優れたダッチオーヴンの歴史書『Dutch Oven Chronicled（ダッチオーヴンの軌跡）』（ジョン・ラトレッジ著）には、ジョージ・ワシントンの母親であるマリー・ワシントンと、彼女が愛用していた鋳鉄製ダッチオーヴンのエピソードが書かれている。

マリー・ワシントンは、所有している鋳鉄製の調理器具の半分を孫のフィールディング・ルイスに、残りの半分をもう1人の孫のベティ・カーターに託すと1788年5月20日付けの遺言書に記していたという。もちろん、マリー・ワシントンが持っていたダッチオーヴンは、1つや2つではなかったはずだ。また、鋳鉄製ダッチオーヴンが古ければ古いほど、使い勝手がよくなることは、料理人にはよく知られていることである。鋳鉄製ダッチオーヴンは、遺言書に書き加えられるほど、家宝並みに大切にされ、価値のある品だったのだ。

安定した加熱が得られる

鋳鉄製ダッチオーヴンは、温めるまで時間はかかるが、一度、温まると熱が鍋全体に広がり、1カ所に集中しない。そのため、食材にも均等に火が通る。もし、鋳鉄製ダッチオーヴンを使って食材が焦げたとしたら、火力が強すぎるか、鍋が熱くなりすぎている可能性がある。鋳鉄製ダッチオーヴンは、他の鍋より、エネルギーを効率よく使うことができるのだ。

第2章　ダッチオーヴンが世界で愛される理由　　15

他の金属鍋より保温性が高い

鋳鉄製ダッチオーヴンは好みの温度まで熱しておくと、厚い鋳鉄の熱伝導性のおかげで、熱が冷めにくい。そのため、アルミニウムなど、他の金属製の鍋よりも保温性が高い。温かさが持続するので、コトコト煮込む料理にも向いている。また、再加熱するときも、熱量も加熱時間も少なくて済む。

重量のある蓋が蒸気を閉じ込めてくれる

重く密閉性の高い鋳鉄製ダッチオーヴンの蓋は、蒸気を閉じ込めるので、圧力鍋のような役割を果たしてくれる。そのため、食材を柔らかく、しっとりと仕上げてくれる。

鉄分の補給に役立つ

貧血の予防に鉄の補給は欠かせない。だが、鉄は吸収率の悪い栄養素だ。ダッチオーヴンの専門家によると、鋳鉄製ダッチオーヴンを使う料理は、鍋からかなりの量の鉄を補うことができるので、体にとてもよいそうだ。

炭火やオーヴンの高熱に耐えられる

ダッチオーヴンをむやみに高温にすることは避けたいものだが、もし、誤って高熱にさらしたとしても、鋳鉄製ダッチオーヴンの溶解温度は約1200℃なので、たいていの場合は問題がない。一般家庭のコンロやオーヴンで使っている場合は、それほどの高温になることはないが、野外で風が吹いているときの炭火やキャンプファイヤーは、かなりの高温になる。そんな場合も、鋳鉄製ダッチオーヴンの熱伝導はゆるやかなので、風による一時的な温度上昇にも影響を受けにくく、料理も焦げない場合が多い。

鋳鉄製ダッチオーヴンは、使う年月を経るほどによさが増す。100年以上使えるものがほとんどだ

圧力鍋のような働きが、食材を柔らかく、しっとり仕上げてくれる

ダッチオーヴン用に書かれたレシピ本は、数多く出版されている。よいレシピを見つけたら、調理前によく読み、忠実に再現しよう

CHAPTER 3
TIPS FOR BETTER DUTCH OVEN COOKING
ダッチオーヴンを使いこなす15の方法

ダッチオーヴンとともに人生を過ごしてきた私が学んだことは、
ダッチオーヴン料理のエキスパートはどこにもいないということだ。
初心者でも楽しめる料理が数多くあり、ベテランのシェフでも追求したいテクニックが次々と出てくる。
誰もがダッチオーヴンの使い方を探し続けられることが、この鋳鉄鍋の最大の魅力かもしれない。
つねに学び、経験することが楽しめるのだ。

3章では、ダッチオーヴンを使いこなすために、覚えておきたいテクニックを紹介していこう。基本的な使い方が理解できると思う。そして、大切なのは、学んだ知識を実践してみることだ。ダッチオーヴン料理をマスターするのに早道はなく、経験をコツコツと積み上げていく必要があるからだ。しかし、その時間は苦ではないと思う。ダッチオーヴンととことんつきあうと、料理が楽しくなり、もっと深く知りたいという気持ちになるだろう。

POINT 1
初心者はレシピを忠実に再現しよう

自己流にアレンジして失敗した経験から言うと、教えてもらったレシピを初めて作るときは、忠実に再現したほうがいい。とくに初心者は、よいレシピであれば、そのまま再現すれば、いい結果が得られる。まずはオリジナルのレシピを成功させてから、自分なりのアレンジを加えればいい。

新しいレシピに挑戦するとき、気をつけたいのは、信用できるレシピかどうかということだ。ちまたに出回っているレシピの中には、実際にダッチオーヴンを使って確かめていないものもある。誰がそのレシピを提案しているのか、よく確かめよう。とくに誰かにごちそうしたいときは、慎重に見極めたい。

また、レシピを忠実に再現する場合も、調理時間や調理する環境をチェックしてから取り組むことだ。レシピに記載された調理時間を鵜呑みにすると、とんでもない失敗作ができあがることもある。とくに野外では、風や気温、湿度、炭の質や量など、多くの条件が調理に影響し、結果を大きく左右する。

たとえば、同じレシピでも、氷点下のミネソタで風速4mの北風を受けているのと、30℃を超え、湿度も90％以上のジョージアの炎天下では、加熱時間が変わってくる。加熱時間は、置かれた環境に対する判断と経験に頼ることが大切だ。環境の違いによっては、1時間もの差が出ることもある。そうした調理環境まで配慮したレシピを見つけたら、大切にすることだ。

ダッチオーヴンは蓋をすると密閉状態になり、中の水分を閉じ込めて逃さない。どれくらいの水分量が適当かを判断しながら、加減しよう

POINT 2
液体の種類によって分量を加減する

　ダッチオーヴンは、ぴったりと閉じる蓋がついていて、調理中に内部の水分が逃げないようになっている。この特性はレシピによって長所にも短所にもなる。一般的に、家庭で作るレシピは、この点が考慮されていない。それらのレシピは、調理中にかなりの水分を失う鍋の使用を前提に書かれているからだ。そのため、水や牛乳、ジュースなどの液体を分量通りに入れると、ダッチオーヴンの場合は、水分過多のベトついたものができあがったりする。

　一般的な家庭用レシピを使う場合はもちろん、ダッチオーヴン用のレシピを使う場合も、水分が多すぎないか、加えるときに注意しよう。

POINT 3
レシピに従って、鍋や蓋を前もって熱しておく

　もし、レシピに「ダッチオーヴンを前もって熱する」という指示があった場合は、鍋と蓋の両方を熱することを忘れないようにしよう。ダッチオーヴン向けに書かれたレシピには、材料を入れてから加熱する場合も多いが、中には前もって熱しておかなければならないものもある。また、家庭で作る前提で書かれたレシピは、前もってオーヴンを熱するように指示している場合がとても多い。

　とくに蓋の予熱は大切だ。多くのダッチオーヴン料理の初心者がやりがちなのが、パイやパンの底が焦げているのに、上は生焼けという失敗だ。これは蓋の温度が低く、全体の温度のバランスが崩れていることから起こる。あらかじめ蓋もしっかり温めておくことで、失敗はかなり防げるはずだ。

　また、経験を積んでくると、蓋の上と鍋の下に置く炭がどれくらいあれば、適温が得られるか分かってくるので、底を焦がすケースも減ってくるだろう。

POINT 4
温度調節や鍋の保護に便利なケーキ型とケーキラック

　アルミやステンレス製の丸いケーキ型、中敷きの台になるケーキラックやトリベットはダッチオーヴン料理には、とても便利な調理道具だ。料理が出し入れしやすくなり、鍋が汚れないので、調理後の洗浄が楽になる。

　パンやデザート、チリのような煮込み料理など、鍋に付着した糖や酸を残さないために、調理後にシーズニングを施さなければ

ピザ用の天板やケーキ型は、鋳鉄製の鍋を酸性の食品や糖から守る大きな役目を果たしてくれる。手持ちのダッチオーヴンに合うサイズをいくつか揃えておくと便利だ

ダッチオーヴンでケーキ型を使うときは、ヤットコのような形をした「クッカー用鍋つかみ」も用意しておこう。中から取り出すときのやけどが防げる

ならない料理には、ケーキ型が大活躍する。ケーキ型で調理すると、ダッチオーヴンに材料を直接入れて調理するよりも、できあがる量は減ってしまうが、調理後の後始末を考えれば、使う方に軍配が上がる。量の調整は、ダッチオーヴンのサイズを一回り大きくしたり、レシピの分量で加減すればいいだけだ。（詳しくは第8章参照）

POINT 5
レシピに合ったサイズのダッチオーヴンを選ぶ

ダッチオーヴン料理の初心者がよく悩む問題が、どのサイズのダッチオーヴンを使うかということだ。たとえば、できあがりが2ℓになるバナナプディングを作る場合、レシピに10インチのダッチオーヴンと指定されているのに、手持ちに10インチがないからといって、14インチを使ったら、プディングの嵩が減り、焦がしてしまうだろう。

ダッチオーヴン用に書かれたレシピには、たいてい使用する鍋のサイズが書かれているので、問題はないはずだ。しかし、一般向けのレシピでは、ダッチオーヴン向けに分量を換算し直さなければならないこともある。

一般家庭用のレシピを試すときは、じっくりとレシピを読み、使用するダッチオーヴンのサイズや中に入れるケーキ型のサイズを割り出しておこう。どのサイズがよかったか、失敗した場合も含めてノートに記録しておくと、のちのち必ず役に立つ。（ダッチオーヴンのサイズは、第1章のP13を参照）

POINT 6
炭や薪は十分に用意しておく

料理の途中で燃料が足りなくなることほど、イライラすることはない。気温が低かったり、湿度が高かったり、強風や曇り空、日陰など、料理をする環境によっては、予想以上に燃料を消費

火をおこしている間に、ダッチオーヴンがどんどん冷えていってしまうので、おいしいできあがりが期待できなくなる。いつでも取り替えられるように、熱いキャンプファイヤーや炭、チャコールブリケットを絶やさないことだ。とくに大人数の料理をするときは、燃料も多量に必要になる。キャンプの参加者か調理メンバーの誰かを燃料担当にして、料理中の燃料補充をサポートしてもらうといいだろう。

POINT 7
ダッチオーヴンから目を離さないこと

「基本に従って温度調整をしたのに、料理を焦がしてしまった」「料理のできあがり時間が予定よりずっとかかってしまった」とこぼすダッチオーヴン料理人がいる。彼らの話をよく聞いてみると、鍋を火にかけている間に持ち場を離れたり、他のことに忙しくて鍋をよく見ていなかったことが、とても多い。

おいしいダッチオーヴン料理を作るには、一定の温度を保つように、つねに鍋から目を離さないことだ。また、ムラなく火が通るように、鍋や蓋の位置を定期的に回転させることも必要だ。炭が熱くなりすぎたり、燃え尽きるのも避けたい。

調理中は、ダッチオーヴンの様子をよく注意して見守るようにしよう。私は、調理を見守る時間が好きだ。他のことは考えず、料理のプロセスが楽しめるからだ。リラックスできる時間なのだから、もっとじっくり楽しんで欲しい。

料理中は、鍋と火加減に集中を。少し目を離したことで、せっかくの料理がだいなしになってはもったいない。料理以外のことを考えなくてもいいリラックスタイムと考えて、楽しもう

することもある。炭や薪の燃料は十分に用意してから料理にのぞむことだ。感謝祭のごちそうを作っている最中に燃料が不足したら、大変なことになる。

調理の間も先を読みながら、準備する習慣をつけることも大切だ。つねに一定の温度が保てるように、早めに補充の燃料を用意しておこう。チャコールブリケットが消えかけていることに気づいてからでは、新しいブリケットに火をつけても間に合わない。

POINT 8
頻繁に蓋を開けてのぞかない

ダッチオーヴン料理のマスターシェフ、ジョージ・プレクターを怒らせようと思ったら、調理中の鍋の蓋をしょっちゅう開けて見せるといい。間違いなく、彼は怒るはずだ。

ダッチオーヴンの魅力の1つは、重くしっかりと閉まる蓋が、

内部の水分を閉じ込めてくれることだ。頻繁に蓋を開けていては、おいしさを閉じ込めてくれている水分が逃げ、温度も下がってしまう。

　ダッチオーヴン料理を習い始めたばかりなら、5分や10分おきに蓋を開け、でき具合を確かめることも必要だが、基本を覚えてしまったら、できるだけ蓋を開けたくなる誘惑には負けないことだ。

　プレクターは、「料理チェックとは、多くても15分おきにするべきで、混ぜる必要がない限り、毎回2〜3秒で蓋を閉めること」と言っている。料理になれたシェフたちは、めったに蓋は開けない。この勘どころは、経験がモノを言うところだ。

POINT9
料理が黒くなったときはシーズニング不足を疑う

　もし、ダッチオーヴン料理が黒っぽくできあがったり、鉄が混じったような味がしたときは、いくつかの問題点が考えられる。1つは、シーズニングの問題。もう1つは、料理を長く鍋の中に入れていた場合だ。

　鋳鉄製の鍋は、たとえ短時間でも料理を保存しておくのに適した鍋ではない。料理ができあがったら、皿に移すのが基本だ。

　そして、すぐに熱湯とブラシできれいに洗い流そう。その後、鍋の内側と外側にクリスコ（植物性ショートニング）を薄く塗って保存しよう。

　正しくシーズニングされていなかったり、シーズニングが足りない場合、料理が黒っぽくなることがある。見た目が悪いだけで、体への悪影響はないが、やはりないに越したことはない。黒っぽくなってしまったら、シーズニングのやり直しをおすすめする。

POINT10
酸性度の強い食材の調理には気をつける

　トマトや豆類などの酸性度の高い食材を使う料理はダッチ

蓋を開けてみたい誘惑には負けないようにしよう

オーヴンに負担がかかる。酸がダッチオーヴンの表面を傷めてしまうからだ。下手をするとシーズニングをやり直すことにもなりかねない。

　私の経験から言うと、豆料理では、どんな種類の豆を使ったときも、必ずと言っていいほど、シーズニングをし直す羽目になった。料理後、すぐに洗い流しても、だ。

第3章　ダッチオーヴンを使いこなす15の方法　23

シチューやスパゲッティソース、スープ、チリなどの酸性度の高い料理を作る場合は、ダッチオーヴン用のパーチメントペーパー*1を中に敷いて作ることもある。米国ロッジ社は、ダッチオーヴンのサイズに合わせたパーチメントペーパーも市販している。

POINT 11
できあがった料理はすぐに取り出す

ダッチオーヴンの長所である保温性を愛する人は多いが、場合によっては長所が裏目に出ることもある。保温性が高いゆえに、火から下ろしたあとも、料理を入れっぱなしにしていると、食材にどんどん火が入ってしまうのだ。

以前、16インチのダッチーヴンで、ビーフ・テンダーロインを焼いたことがあった。皆の注文はミディアムレアで、全員ができあがりを楽しみに待っていた。火から下ろしたときは、確かにみごとなミディアムレアだったのだが、ちょっと他のことにかまけて、ビーフを鍋から取り出すのを忘れていたら、あっという間にウェルダンになっていた。せっかくのとっておきのステーキが、火からおろしたあとも、鍋の余熱で加熱し続けられてしまったのだ。

できあがったら、すぐに火から下ろすとともに、ダッチオーヴンから料理を取り出しておこう。

POINT 12
複数のダッチオーヴンを一度に使ってみよう

ダッチオーヴン料理を始めた頃、私は10インチの鍋を1つ持っていただけだった。パンを焼いて、メインディッシュを作り、デザートのパイを焼くのに、延々と時間がかかっていた。1つの料理を終えて、次に取りかかる頃には、最初の料理が冷えているというありさまだった。そこで、いくつかの料理を一度に調理する方法に目覚めた。複数のダッチオーヴンを積み重ねて加熱するのだ。鍋を重ねることで、1つの鍋を加熱するのと同じ面積

煮崩れや焼き過ぎを避けるために、火から下ろしたら、すぐに料理を鍋から取り出そう

そこで今は、酸性度の強い食材を調理するときは、厚手のケーキ型をダッチーヴンの中に入れるようにしている。食材が直接、ダッチオーヴンに触れるのを避けるためだ。鍋の中で少し吹きこぼれたりするが、調理後の洗浄は格段に楽になるし、再度のシーズニングの手間を避けられる。

で、すべての料理が一度に作れる。

扱いに慣れてきたら、複数のダッチオーヴンを手に入れ、同時に加熱する調理法にチャレンジしてみて欲しい。家族や友人に賞賛され、さらに大人数の料理を作る羽目になるかもしれないが、ダッチオーヴン料理の楽しさも広がるはずだ。

POINT13
鍋や蓋に所有者の名前を記しておく

鍋の数が増え、ダッチオーヴン料理のイベントなどに参加するようになると、どの蓋がどの鍋のものか分からなくなったり、他人の鍋と間違いやすくなったりする。そんなときは、鍋と蓋の両方に金属製のタグをつけておくと便利だ。

Chuckwagon Supply 社が、鍋の持ち手や蓋の取っ手に取り付けられるリング付きのタグを販売している。このタグは、イニシャルや鍋のサイズ番号が入れられて、とても便利だ。鍋と蓋の組み合わせが一目で分かるし、イベントなどで誰かが間違えて蓋を持ち帰ってしまうようなアクシデントを未然に防ぐことができる。

POINT14
ダッチオーヴンの料理大会や集いに参加しよう

新しい料理やテクニック、試し尽くされたレシピなどを得ようと思ったら、米国中で盛んに開催されている「ダッチオーヴン料理大会」に参加するのが、一番の近道だ。幌馬車大会や野生肉を使った料理大会も、鋳鉄鍋の料理が中心だ。さまざまな分野のエキスパートが他では得られない貴重な情報を教えてくれる。

自分のやり方が正しいかどうかを確かめたり、より優れた調理法を学びたいと思ったら、独りで1年研究するよりも、料理大会に1回参加したほうが成果が上がる。その上、同じ趣味を共有できるすばらしい友達にも出会えるだろう。ダッチオーヴン料理に本気で取り組もうと思ったら、料理大会に参加する時間は、

有効な投資なのだ。

私がおすすめするダッチオーヴン団体は、国際ダッチオーヴン・ソサエティの「International Dutch Oven Society(IDOS)」（http://www.idos.com）*2 だ。このソサエティは、ダッチオーヴン料理に関する情報の交流広場のようなものだ。季刊のニュースレターには、自分に合った料理大会の見分け方や新製品情報、5インチのミニ鍋で料理するコツ、レシピ、料理テクニック、ダッチオーヴン用調理台の作り方、メンバーのニュースなどが掲載されている。これらの有益な情報を得られるだけでも会費を払う価値はある。公式のウェブサイトでさまざまな情報が得られるのもいい。

POINT15
失敗が腕を上げる糧になる

ダッチオーヴンで調理したほうがおいしい料理は、数え切れないほどある。基本さえ身に付ければ、誰もがわずかな練習と努力でマスターになれるのが、ダッチオーヴン料理のよさだ。

基本を習うところでくじけないで欲しい。学ぶことはつねにあり、それがいつの間にか楽しみになる。たとえ失敗しても、それを糧にしながら、少しずつ腕を上げていけばいい。大切なのは、ダッチオーヴン料理の醍醐味を味わいながら、そのプロセスを思う存分、楽しむ気持ちを持つことだ。

[訳者注]
*1　パーチメントペーパー
シリコン樹脂加工をした耐油紙。日本では「オーブンシート」「クッキングシート」などの名前で市販されている。「ワックスペーパー」は耐熱ではないので加熱調理には使えないので注意する。
*2　International Dutch Oven Society(IDOS)
日本にもダッチオーヴン愛好家の団体がある。「Japan Dutch Oven Society（ジャパン・ダッチ・オーブン・ソサエティ）（http://www.jdos.com）は、米国の「Dutch Oven Society」の日本支部。ロッジ社の協力を得て、1996年に設立された。

チャコールブリケットは、ダッチオーヴン料理を簡単にしてくれる。長く、安定した加熱が得られるので、楽に温度調節できるのだ

CHAPTER **4**
USING CHARCOAL BRIQUETTES
チャコールブリケットを使ってみよう！

ダッチオーヴンを使い始めた頃の私は、
未開の荒野に行くと、よくキャンプファイヤーの炭を使って料理をしていた。
その後、自宅の庭で、家族や友人にダッチオーヴン料理を振る舞うのが好きになったが、
住宅街ではキャンプファイヤーを燃やすわけにはいかない。
そんなとき、「チャコールブリケット」を見つけた。
以来、すっかりこの成形された炭の魅力にはまっている。

現在、ダッチオーヴン・シェフの多くは、炭を利用する調理を好んでいるが、私は、チャコールブリケットのほうが好きだ。炭はチャコールブリケットのように均等に燃えないので、火力を調節するのが難しい。また、炭は高温で燃焼するので、チャコールブリケットに比べると、長持ちしないということもある。これらの理由で、私はチャコールブリケットに軍配を上げている。

チャコールブリケットは、キャンプファイヤーの炭に勝る点も多い。まず、キャンプファイヤーの火をおこすほどの労力や費用、時間を必要としない。チャコールチムニー（P58参照）を利用すれば、数分で火がおこせる。良質なチャコールブリケットは、キャンプファイヤーで作った炭より均一に、より長時間、燃焼してくれる。理想的な条件下であれば、良質なチャコールブリケットは約1時間、燃焼するが、炭の燃焼時間は、その半分だ。

また、チャコールブリケットは持ち運びも便利で、キャンプファイヤーより後始末しやすい。調理中、火加減を調節しやすいの

もいい。ダッチオーヴンの下から燃やすだけでなく、蓋の上にものせやすく、動かすのも簡単だ。

チャコールブリケットの火力調節の仕方

火力を調節するためにチャコールブリケットをどう置くかは、ダッチオーヴン・シェフの会話をにぎわせる話題だ。鍋の上下に碁盤の目に並べるのが好きな料理人もいれば、円形に並べることを主張する料理人もいる。鍋の下には円形に並べ、蓋の上には碁盤の目に並べるという料理人もいる。3種それぞれの方法で調理された料理を何度か食べてみたが、どれも劣っているということはなかった。個人的には、私は円形に並べるのが好きだ。

ただし、料理を炒めるときとゆでるときのチャコールブリケット

鋳鉄は長時間、熱を均等に保持してくれるが、チャコールブリケットを適切に置くことで、さらに効果的な加熱を得ることができる

の置き方については、どの料理人も意見を一致させている。炒めたり、ゆでるときには、強火が必要なので、チャコールブリケットを隙間なく並べて置く方法がいい。油やお湯が高温に達したら、トングでチャコールブリケットを数個、間引くことで温度が下げられる。

ダッチオーヴン料理で使う温度の目安は、160℃、175℃、190℃、205℃、220℃だ。私を含め、ほとんどのシェフのレシピは、175℃を目安にしている。

野外でチャコールブリケットを一定の温度に保つには、コツがいる。風や気温、日差し、湿度、灰の量と質などが、温度を左右するからだ。強風は炭の温度をとても高くしてしまう。灰が溜まりすぎると、温度が下がってしまう。気温の上下で、鍋自体の温度が高くも低くもなる。湿度が高いと、炭の燃焼が遅くなるため、温度も下がってしまう。

同じ量のチャコールブリケットを用意しても、ひなたで調理するのと、日陰で調理するのでは、温度が大きく変わってくる。15℃ほどの差が出ると言う料理人もいるほどだ。つまり、料理する場所の環境によって、チャコールブリケットの数も調節する必要がある。私がレシピに調理時間を提示しないのは、上記の理由があるからだ。

これらを踏まえた上で、目安として一般に認識されているチャコールブリケットの数と置き方を温度別に紹介しておこう。私がおすすめしているのは、ロッジ社が公認しているガイドラインだ。

また、専用のノートを用意し、料理のたびに、違った条件下でのチャコールブリケットの数や置き方を温度と一緒に記録しておくといい。経験を積むことで、より的確にチャコールブリケットを使ったダッチオーヴン料理を作ることができるようになる。

調理温度を目安にブリケットを均等に置く

下記の表を目安に、調理場所の環境条件を判断し、調理温

調理温度とブリケット数の換算表（概算）

00	◀ 上段の欄はチャコールブリケットの総数
00/00	◀ 下段の欄は左が蓋の上、右が底部に置くチャコールブリケットの数

	目標調理温度 ※各目標調理温度は、華氏を摂氏に換算	160℃	175℃	190℃	205℃	220℃
オーヴンサイズ	8インチ	**15** 10/5	**16** 11/5	**17** 11/6	**18** 12/6	**19** 13/6
	10インチ	**19** 13/6	**21** 14/7	**23** 16/7	**25** 17/8	**28** 19/9
	12インチ	**23** 16/7	**25** 17/8	**27** 18/9	**29** 19/10	**31** 21/10
	14インチ	**30** 20/10	**32** 21/11	**34** 22/12	**36** 24/12	**38** 25/13
	16インチ	**34** 22/12	**36** 24/12	**37** 24/13	**40** 27/13	**42** 28/14

データ提供：ロッジ・マニュファクチャリング社

度を調節してみて欲しい。ダッチオーヴンのサイズの横にある太字が、各温度に必要なチャコールブリケットの数だ。その下の欄にある2つの数字は、左がダッチオーヴンの蓋の上に置く数、右が底部に、それぞれ設置するチャコールブリケットの数である。

チャコールブリケットを置くときは、持ち手が長いトングを使い、まず底面から置く。必要な数のチャコールブリケットをダッチオーヴンの底面の端から1～2cm内側の位置に円を描くように設置する。上部は、チャコールブリケットを蓋の円周に沿って置き、さらに持ち手の両側にも置くようにする。

上下ともに、チャコールブリケットが1カ所に偏らないように注意しよう。1カ所に熱が集中すると、料理が焦げるだけでなく、ダッチオーヴンを傷めかねない。

ダッチオーヴン・シェフのジョージ・プレクターは、15分おきに鍋を持ち上げ、45度回転させて設置し直すことをすすめている。設置し直したら、蓋も反対方向に45度回転させよう。鍋と蓋を定期的に回転させることによって、料理に熱が平均して伝わりやすくなり、加熱が偏るのを防ぐことができる。

難しいと思うかもしれないが、実際にやってみると回すだけなので簡単だし、温度調節のテストを楽しく感じるだろう。

私は初心者の頃、10インチのダッチオーヴンを手に入れたとき、ビスケットのレシピを使って、炭の数とベーキング温度の関係をつかむ実験をした。手作りのブドウジャムを脇に置き、焦がさなかったビスケットに塗って食べたものだ。隣人たちもビスケットの焼ける香りに誘われて、試食を手伝ってくれた。

私の友人の中には、調理温度に関して、経験や勘に頼らない者もいる。長い取っ手のついた調理温度計を使うのだ。料理の温度を計りたい時は、蓋を少し開けて料理温度計を滑り込ませる。しかし、これをやり過ぎると、内部の熱と水分が逃げ、蓋の上の灰が中に落ちたりする。料理を焦がす可能性も高まってしまう。調理温度計を使う時は、その点に注意して欲しい。

近年は、赤外線式の温度計で、ダッチオーヴンの外壁温度を測るシェフも増えてきた。これなら、火に近寄ったり、蓋を開ける必要がなく、正確に温度を測ることができる。

いずれにせよ、ダッチオーヴン料理をおいしく仕上げるには、火加減に対する経験がものをいう。しかし、いったんサイズと火加減の目安をつかんでしまえば、ダッチオーヴン料理がとても簡単に感じると思う。

炭を使うときに必ず注意すること

チャコールブリケットに限らず、どんなタイプの炭を使うときも、次のことに必ず注意して欲しい。

1 家屋やテント、車の中では、絶対に炭をおこさないこと。炭を燃やすと一酸化炭素が発生する。一酸化炭素は無臭・無色のため、発生に気づきにくい上に毒性が強い。そのため、室内やテント、車内に充満すると命が危険にさらされることもある。

2 炭を使う場所の安全性は十分に確かめること。可燃性のあるものや周囲に人がいないか、とくにキャンプ場や自宅の庭で調理する場合は、テントや家屋がなく、遊んでいる子どもやスポーツを楽しむ人々などからも距離がある場所を選ぶこと。

3 炭をおこすのに、ガソリンは絶対に使用しないこと。

4 点火用燃料を、燃えている炭に直接、かけないこと。

5 料理の後、灰を処理するときは、完全に火が消えているかどうかを確かめること。

蓋の縁はチャコールブリケットなどの炭を置きやすいように考えられている

樫やヒッコリーで作る炭は最高の燃料だ

CHAPTER 5
COOKING WITH CAMPFIRE COALS
キャンプファイヤーの炭を使いこなす

キャンプファイヤーの炭を使ってダッチオーヴン料理を成功させるには、
チャコールブリケットを使う場合より、多くの経験を要する。
どれくらいの量の炭をダッチオーヴンの上下に置けばいいのか、炭が送り出す熱量はどれくらいなのか、
どの炭がよく燃え、いつ取り替えればいいのか、その都度、適切に判断できる能力が必要になるからだ。
ダッチオーヴン料理を始めた頃、私は炭は多ければ多いほどよいと信じ込み、たくさんの料理を焦がしたものだ。
その頃、所属していたボーイスカウトの隊長には、「ジェイは鍋に食料を放り込んで火葬するのが好きなんだ」と、
からかわれたくらいだ。また、松やポプラがダッチオーヴン料理の燃料として向かないことも、
何度か焦がしてから会得した。こんなふうにキャンプファイヤー料理は身につけるまで、
多少の失敗はあると思う。しかし、それほど長い修行期間は不要だ。
これから説明するポイントを抑えながら、経験を重ねていけば、楽に料理できるようになるだろう。

■ キャンプファイヤーは場所や用途で変化する

キャンプファイヤーの場合、料理をする場所がどんなところなのかによって、ダッチオーヴン料理のタイプも変わってくる。たとえば、住宅街では、焚き火ができないことも多い。そうなると、必然的にチャコールブリケットを使うことになる。

しかし、住んでいる場所によっては、裏庭で火を炊けるかもしれないし、ファイヤーリング（火の囲み台）を購入したり、手作りしたりして設置すれば、キャンプファイヤーができる。また、アウトド

アなら、鍵穴型に石を置くことで数日間の台所を作れる。毎日、次の場所に移動する急ぎの旅の場合は、簡単なリング状に石を設置すればいい。つまり、ダッチオーブン料理を作るためのキャンプファイヤーには、場所や状況に適した形態があるということだ。

■ 市販のファイヤーリングを使う

もし幸運にも、焚き火が許されている敷地に住んでいる場合

は、市販されているファイヤーリング（火の囲み台）を使うと、ダッチオーヴン料理に使える熱い炭を作ることができる。夕食をダッチオーヴンで作るのが、そう珍しくない西部の牧場などでは、庭でオープンファイヤーを起こして料理している。そのような場所では、市販の鉄製ファイヤーリングを使うことが多い。多くの国立・州立の自然公園には、ファイヤーリングが設置されたキャンプ場があるので、ダッチオーヴンで料理をするときにとても便利だ。

　クロス・クリーク・ホロウにあった私の山小屋は、旅行者や友人たちのお気に入りの場所だった。中でも、ダッチオーヴンが火にかけられている様子は彼らを喜ばせた。その山小屋には頑丈なグリルがあり、ダッチオーヴンでの料理に便利だった。炒めたり、ゆでたりしたいときには、そのグリルをオープンファイヤーの上にかざせばよかったからだ。グリルが不要なときは、簡単に火から遠ざけられる仕掛けになっていたので、熱い炭をシャベルで掘り起こすのも楽だった。

　私がファイヤーリングを探していた頃、製造業者がなかなか見つからなかったので、結局、友人から余分に持っていたものを譲り受けた。その後、いくつかファイヤーリングを販売する会社を見つけることができた。なかでも、Pilot Rock Park Equipment Companyは、さまざまな種類を揃えている。たとえば、火床の格子を調節できるだけでなく、炭にシャベルを入れたい時には、火床を簡単に移動することができるものもある。このタイプであれば、キャンプファイヤーを囲んでいる人たちが顔を合わせる視線の邪魔にもならないだろう。

　以下に、ファイヤーリングの特徴を挙げておこう。

・ファイヤーリングに付いているツバは、安全のためと、火力によってリングが湾曲するのを防ぐための補強の役目もある。
・火床をいろいろな高さに調節できる。
・火床は、簡単に向こう側へ倒すことができるので、火をおこしたり、後片付けがしやすい。
・ファイヤーリングには、7、9、11.75インチの3種類の高さが

あるので、好みの高さの火除けが選べる。
・ファイヤーリングの中にある火床を、リングの外にあるバネ仕掛けのハンドルを使って火から離れたところで上げ下げできるようにデザインされている。
・火床用のバネ仕掛けのハンドルは、半インチ幅の鉄管がグリップとして巻きつけられていて、熱くならないように工夫されている。
・ファイヤーリングは、底と蝶番で留められているので、蝶番の反対側を持ち上げれば、簡単に内部を掃除できる。
・ファイヤーリングは、石の上や土の上に直接、設置できるので、高価なコンクリートの敷き台を用意する必要はない。
・火床はリングの内側に沈めることができるので、かさが低い火種でも、熱量を逃さず、効率的に料理ができる。
・作りが頑丈なので、壊れる心配があまりない。

　Pilot Rock Park Equipment Companyが生産しているファイヤーリングには、28インチから60インチまで、数多くの種類がある。車椅子の人が腰に負担がかからないように、リングの位置を高くしているデザインまである。

　市販のファイヤーリングをわざわざ買いたくないという人もいるかもしれない。その場合は、トラックやトラクターのタイヤの内部を切断トーチで切り取って作ることもできる。しかし、ファイヤーリングは、一度買えば一生ものになる。便利さを考えると、投資する価値は十分にあるはずだ。

鍵穴型のファイヤーリングを作る

　何年も前になるが、私がロッキーマウンテンの未開拓地に通い始めた頃、ダッチオーヴンで料理する年配の探検ガイドの多くが「鍵穴型」と呼ばれるキャンプファイヤーを作っているのに気づいた。彼らは火を焚くのに安全で適切な場所を見つけると、

鍵穴型のファイヤーリングは、キャンプのキッチンとしては理想的な形だ。とくに炭で火加減を調節するダッチオーヴンには使いやすい

鍵穴型のファイヤーリングの石の置き方

大きな石を集め、丸く並べ、その一部を長く伸ばし、まるで鍵穴のような形に置いていく。円の部分の直径は多くは90㎝ほど。長く伸ばした部分の幅は30㎝から60㎝、長さは90㎝ほどだった。なぜ鍵穴型に石を並べるかというと、調理に使う炭を動かすときにキャンプファイヤーを崩さないで済むからだ。

　まず、キャンプファイヤーは円形の中でおこす。そして、キャンプファイヤーでできあがった炭を引っ張り出し、長方形に囲んだ石の中に並べておく。こうすることで、キャンプファイヤーを崩すことなく、ダッチオーヴン用の炭をシャベルで動かしやすくなる。また、石の幅の狭いところにグリルを渡すように置いておけば、鍋が乗せやすくなるので、煮込みや炒め物に便利だ。野外での滞在が長くなるようなときは、とてもいいアイデアだと思う。

調理場の作り方

　どのようなキャンプファイヤーを焚くとしても、ダッチオーヴン料理のための調理場には、平らで傾きのない地面が必要だ。冷たく湿気のある地面は、ダッチオーヴンから熱を急速に奪い取り、地面を焦げ付かせるだけになってしまう。経験豊富なダッチオー

硬質の薪を使ってダッチオーヴンを熱する方法は、鍋が誕生した頃から変わらず、今も続けられている

ヴン・シェフは、分厚いメタル板をキャンプファイヤーの台として使うことが多い。あるいは、チャコールブリケットでの調理にも使う折りたたみ式のクッキングテーブルを利用する場合もある。未開拓地では、大きく平らな岩石を運び、キャンプファイヤーの周りに置くことも多い。私の山小屋では、ファイヤーリングの周りに、平らで大きな石を並べている。市販のファイヤーリングを設置した場合は、コンクリートを周りに流し込むのも、安全で確かな方法だろう。どのようなファイヤーリングを使う場合でも、安全で水平な場所が必要だ。十分に時間をかけて、適切な場所を探そう。

　私は一度、適切な場所を選ばなかったために、ダッチオーヴンで煮込んでいたシチューをゲストの前でこぼしてしまったことがある。ダッチオーヴンの重みで地面が崩れ、せっかくのシチューが食事を楽しみにしていた人々の目の前で地面に流れ出てしまった。ずいぶん昔のことだが、彼らにはいまだに恨み言を言われている。

よい炭になる木の種類の選び方

　ダッチオーヴン・シェフが集まると、どんな木がよい炭になるかという議論がよく起こる。広大な米国のあちこちからシェフたちが集まると、その議論はじつに面白い。南西部のシェフたちは、メスキート（北米西部産のマメ科の低木）が最高と言い、南部のシェフたちはヒッコリーと言う。北部のシェフたちは樫の木を自慢し、中西部の連中は絶対にオセージオレンジ（クワ科の落葉高木）と言い張る。

　何年か前、私はルイジアナ州のダッチオーヴン・シェフから電話を受けた。外側が焦げてしまうのに、中まで火が通らないのはなぜなのか、という質問だった。料理中、焦げつくほどの温度が上がったのは確かなのだが、そこまで高温になったのなら、中まで火が通るはずだ。そこで、いったいどんな木で炭を作ったかと聞いてみると、松と言う。それですべてが解明した。松は一時的に非常に熱く燃えるが、その時間はとても短い。すぐに燃え尽きてしまうのだ。松のように柔らかい木は、ダッチオーヴン料理の加熱には向かない。焚きつけ用として、火をおこすときに便利な木と覚えておいて欲しい。

　ダッチオーヴン料理には、長時間燃え続け、平均的に温度を長く保ってくれる炭が必要だ。ダッチオーヴン料理に向いていると定評のある木を探して用意しよう。

　ただし、硬い木材であればどれでもよいというわけではない。ポプラや桜、楡、ハコヤナギ、樺、ゴム、コットンウッド、スズカケなどは向かない。他にも向かない硬質の樹木はたくさんある。単にキャンプファイヤーとして楽しむにはいいのだが、ダッチオーヴン料理に必要な安定した火力が得られないのだ。

　そこで私は、ヒッコリー、樫、メスキート、メープルの順に選んでいるが、ダッチオーヴン料理のマスターと呼ばれる私の友人たちには、他の木を好む者もいる。たとえば、長いアウトドア人生をアラスカで過ごし、野外でもキッチンでも素晴らしい料理人で

あるメドリック・ノースロップは、ペカンの木が最高だという。アラスカではなかなか見つけにくい木だ。メイン州で「森の魔術師」と呼ばれた故ケン・フレンチは、クルミの木を好んで使った。私は、彼がライフル工場で廃棄された木材を燃やして、ダッチオーヴン用の炭を作ったのを見たことがある。あのキャンプファイヤーに放り込まれた木材ほど、見事なものはなかった。

　もちろん、私と意見を同じくして、ヒッコリーを使うダッチオーヴン・シェフもたくさんいる。アリゾナのダッチオーヴン料理家ステラ・ヒューズは、その著書『Bacon & Bean』の中で、「一度ヒッコリー材を使ったら、一生それを使い続けることは間違いない」とまで言い切っている。「ヒッコリーは高温の熱を平均的に保ちながら、何時間も燃え続ける」からだそうだ。

　当然のことながら、キャンプファイヤーに使える木材は、キャンプを張る場所によっても変わってくるが、選択肢があるのなら、ヒッコリー、樫、メスキート、メープルなどを使うと良いだろう。きっと、ダッチオーヴン料理に適した炭を得ることができるはずだ。

硬質の薪の入手法と保存法

　頻繁に炭を使って料理する場合、薪を常備しなければならない。ここから書くことは米国での事情になるので、参考として読んで欲しい。

　米国で薪は一般的に重さではなくて体積で買うため、薪材の密度を確かめるのは重要だ。もっとも一般的なサイズは「コード（cord）」と呼ばれ、122×244cmの入れ物に入る量が基準になっている。通常、薪はトラックで運ばれてくるが、半トントラックで1コードの3分の1の薪が運べることになる。

　容器に入る量で換算されるため、薪材は隙間なく束ねられているほど、お買い得だ。薪材が硬質であればあるほど火は長持ちするから、薪小屋に足を運ぶ回数も減るだろう。

　環境が許せば、自分で薪を用意することもできる。少しばかり

素晴らしいダッチオーヴン料理を作るには、良質の薪をふんだんに保管しておくことが大切だ。薪を積み上げる時期が来たら、料理仲間の手を借りるといいだろう

老木や病んでいる木を切り倒し、新たに植林することは、薪材の常備に役立つだけでなく、敷地の樹林を美しく保つために必須の作業だ。それぞれの地域の森林管理局が、管理の指導をしてくれるだろう。

州によっては、州が保有する森林の枯れ木を、無料またはわずかな料金で伐採させてくれる。電話会社が育ちすぎて邪魔になった樹木を伐採しているが、それを譲ってもらうこともできる。あるいは、製紙会社や材木工場、解体工場、農場なども、余った木材を譲ってくれることがある。

また、市街地を運転しているときには、新築や改築の工事現場に注意を払うようにしよう。フロアーに用いる硬質の材木などで不要なものがあれば、喜んで譲ってくれるかもしれない。

自分で薪割りをしたくなければ、近隣の薪材業者から購入するとよい。その場合、必ず使いやすいサイズに割られ、しっかり乾燥されていて、密度が高く、きっちりと束ねられたものを選ぼう。乾燥されていれば、無駄な水分によけいなお金を払う必要がなくなる。とくに伐採されたばかりの緑部分も残る木材の場合は、乾燥に何ヶ月もかかるので、春先に買うことだ。ファイヤーリングの大きさに合わせて、適切な大きさの薪に割ってもらうことも忘れないようにしよう。

さて、用意した薪を管理するにはどうすればいいだろうか。もし湿っていた場合は、使用する前に乾燥させる必要がある。薪の直径が20cm以上であれば、斧で割る必要があり、長さもファイヤーリングの大きさに合わせて切り揃えておくと、納屋に積み上げやすい。割った薪は乾燥しやすく、積み上げるのも楽だ。地面から少し離して積み上げると、空気の循環も良くなり、下部に積み重なった薪の腐敗も防げる。

日当たりのよい場所に薪を積み上げ、透明なプラスチックシートをかけておくと、乾燥が早くなる。完全に包み込まず、両端を空けておけば、空気の循環がよくなり、さらに乾燥が進みやすくなる。

ソーラーパワーを利用して急速乾燥させる方法もある。まず

の労働は必要になるが。必要な道具は、チェーンソーや斧、のこぎり、くさび、木槌、それに防音用イヤーマフと保護用のメガネなどだ。住居の敷地が樹林に恵まれている場合、うまく管理すれば、1エーカーにつき1コードの薪が切り出すことも可能だ。

は、地面から少し高い場所に、薪を乗せるプラットフォームを作る。薪小屋の近くの日当たりの良い場所を選んで設置し、薪を積み上げるといいだろう。透明のプラスチックシートを全体にかぶせるが、両端に空気口を開けておく。この空気口の一つにドライヤーの先端を差し込んでおくと、太陽と空気の力が乾燥の速度を上げてくれる。遅い時期に薪を切り出した場合などに、この方法は便利だ。

　薪がうまく乾燥しているかどうかを確かめる方法としては、何本かの薪を体重計で計っておくとよい。重さを記録しておいて、同じ薪を1ヶ月後に計ってみて、重さが減っていたら、乾燥が進んでいるということだ。

　薪が十分に乾燥したかどうかは、薪の両端に裂け目が生じているかどうかで確かめる。かなり乾いた薪でなければ、裂け目は現れないからだ。

　こうして十分に乾燥した薪は、湿気を避けて薪小屋に積み上げておこう。私の薪小屋は小さめだが、数カ月分の薪を保管することができる。防腐処理の施された木材で建てられた幅約2.5ｍ、奥行き1.2ｍ、高さ1.8ｍの小屋だ。小屋の前には、キンドリング（焚き付け用の木）を保存する大きな箱がある。小屋は私と息子が1日で建てることができたくらいだから、実際にやってみると、そう難しくはないと思う。

火おこしは食事準備の45分前には始める

　硬質の薪はゆっくりと燃えるので、料理を始める時間を見計らい、前もって火をおこしておくことだ。遅くとも、食事の準備を始める45分前には始めよう。

　若くて未熟な幌馬車隊のシェフが、お腹を空かせたカウボーイたちが夕食に戻る10分前に火をおこし始めたことがあった。結局、夕食が準備できたのは、みんなが戻ってから2時間後だった。若手シェフには勉強になった大失敗だが、彼はそれから何

年も先輩カウボーイたちにからかわれていた。

キャンプファイヤー料理に必要な道具

　ダッチオーヴン料理にはキャンプファイヤーで料理用の炭を作る道具も必要だ。たとえば、炭をキャンプファイヤーからオーヴンへ動かすには、柄の長いシャベルが必要になる。シャベルに穴を開けておくと、細かい炭や灰を落とすことができる。

　手ぼうきも役に立つ。炭焼きには灰がつきものだが、山盛りになっては困る。手ぼうきは、とくにダッチオーヴンの蓋の上にたまった灰を落とすのに便利だ。

　ファイヤーリングに収まるサイズの薪を用意するには、よく研いだ斧が必要だ。そして、それを安全に使うノウハウも。よい炭を作るために、大きなキャンプファイヤーは必要ではない。小さめの薪で、小さめの火を起こすことが大切なポイントだ。

　柄の長い火かき棒も、火を整えるのには欠かせない。ぜひ準備しておいて欲しい。

最適な料理時間を判断するためのコツ

　キャンプファイヤーで作った炭を使って調理する場合、どれくらいの加熱時間になるか、かなりの経験が必要だ。この本だけでなく、どのダッチオーヴン料理本にも絶対に焦がさない保証付きの調理時間のガイドラインは載せられていない。市販のチャコールブリケットを使用するときと同じように、キャンプファイヤーの炭も、湿気や風速や温度などの要素に燃え方が左右されるからだ。

　キャンプファイヤーの調理がチャコールブリケットと違うのは、木材の質と使用量も大きな判断要素となることだ。使用量に関しては、料理人のやり方次第でも大きく変わる。チャコールブリケットであれば、個数から大体の温度が想定できるが、キャンプ

キャンプファイヤー料理には、炭を移動させるための柄の長いシャベルが必要になる

ダッチオーヴンの蓋の上の炭を取り替えるときや、料理が出来上がったときには、灰を落とす手ぼうきが必要になる

ファイヤーの場合は、シャベル何杯分の炭と言ったところで、どれくらいの量をすくい上げるかによって、結果は大きく変わってくる。そこで、以下のようなコツを覚えるといいだろう。

1　火の中から炭をシャベルですくい取るとき、なるべく同じような大きさの炭を選ぼう。穴を開けたシャベルが、この時、大いに役に立つ。

2　大量の炭をダッチオーヴンの上下に置く必要はまったくない。ダッチオーヴン料理に必要なのは適度な温度であって、焦熱地獄にする必要はない。

蓋の上に炭を積み上げたり、燃えさかる火の中にダッチオーヴンを置いたりしないこと。間違いなく料理が焦げてしまう

3　鍋の上下に置く炭の量を2対1の割合にすることだ。10インチのダッチオーヴンの下にシャベル1/4量の炭を置いたとすれば、蓋の上にはシャベル1/2量の炭を置けばよい。

4　下に置く炭は円形を描くように、ダッチオーヴンの底の円周に沿って置こう。蓋の上にも、蓋のつばのすぐ内側に並べるように置くことだ。ダッチオーヴンの上下ともに中心部に炭を置くと、部分的に温度が高くなるホットスポットができてしまい、不均等に火が通った料理になってしまう。

5　キャンプファイヤーの火に直接、ダッチオーヴンをかけないこと。ダッチオーヴン料理を少しでもかじった人なら、言うまでもないことと思うかもしれないが、実際には、火に直接かけてしまう人がかなりいる。そして、なぜ料理が判別不明なほど焦げてしまったのかと不思議がったりするのだ。ダッチオーヴンは魔法の調理道具だが、魔法にも限りがある。

6　キャンプファイヤーの炭で料理するときは、必ずダッチオーヴンを15分おきに、45度ずつ回転させること。このとき、同時に蓋は鍋と反対方向に45度回転させることも忘れないようにしよう。高熱が1カ所に集中するホットスポットを避けるためだ。鍋と蓋を定期的に回転させることによって、均一な火の回りが期待できる。

7　火加減の調節を習得中は、15分ごとにダッチオーヴンの蓋を開けて、料理の出来具合を確かめよう。ノートを用意し、炭に使った木材の種類や量も記録しておく。そのうちにコツがつかめてきて、周りを感心させることができるだろう。

8　ダッチオーヴンの上下の炭には、いつも目を配ること。キャンプファイヤーの炭は、チャコールブリケットのように長時間燃焼しないので、常に新しい炭を足し入れる必要がある。

9　調理場を離れないこと。シェフが持ち場を離れたことで、料理がだいなしになることは少なくない。

第5章　キャンプファイヤーの炭を使いこなす　41

キャンプファイヤーの横に水平でしっかりとした調理場を作ろう。ダッチオーヴンを置いて調理する場になる

　料理のプロセスを注意深くノートに記録し、些細な変化にも目を配るようにすれば、キャンプファイヤーの炭を使った調理のコツを体得するのに、そう時間はかからない。習得中は鍋の中の料理の出来具合を、必要に応じてチェックするといいだろう。トライアンドエラーを繰り返すことによって、どのタイミングで炭を加えるべきか、いつ灰を落とせばいいかなどが分かってくるはずだ。

周囲への安全を第一に調理する

　アウトドアで火をおこすときには、周囲の人々の安全を第一に考え、十分に気をつけながら行動しよう。子どもはもちろん、子どものような行動に出る大人も火に近づけないことだ。
　以前、こんなことがあった。ある狩猟の旅で、老練なダッチオーヴン・シェフと一緒に、戦争で名誉の負傷をしたグループに料理を作っているときだった。食事が終わって片づけ始めたとき、マスターシェフのジョニー・アイカードが、熱いダッチオーヴンからリッドリフターで蓋を取り、冷めている鍋の横に置いた。そこへ私が現れ、蓋が冷めているものと思い込んで、素手でつかんでしまった。私の指の指紋が蓋のハンドルについてしまったくらいの大やけどを負ってしまった。ダッチオーヴンは、冷めたことを確認しないうちは、絶対に触ってはいけない。
　斧やノコギリなどの危険な道具は、きちんと管理し、好奇心が旺盛な人の目からは遠ざけておこう。風の向きにも気をつけ、火の粉が乾燥した樹木の方向へ飛んでいかないようにつねに注意を払うことだ。キャンプファイヤーがぼやや山火事の原因になることは周知の通りで、下手をすれば人の命を奪う災害にもなりかねない。

火を扱う時には、安全と常識をつねに忘れずに。野火や山火事は、キャンプファイヤーが原因で起こることが多い

常設された固定式のビーンホールからダッチオーヴンを引き出している。アラバマ州にて

CHAPTER **6**
BEAN HOLE COOKING
ビーンホール料理に挑戦してみよう！

アメリカやカナダの人里離れた釣り場や狩場では、
一般的に「ビーンホール料理」と呼ばれる、とても人気がある調理法がある。
歴史家によると、ビーンホールを使った調理法は何世紀も前にさかのぼり、
メイン州に住んでいたペノブスコット族のインディアンが起源だという。
彼らは土に掘った穴に火をおこし、料理を埋め込むことで、
長時間ゆっくりと加熱することを思いついたようだ。
穴に料理を落とし入れたあと、石や土で穴の上部を閉じ、熱を封じ込める。
1日の仕事の後に穴を掘り起こすと、料理ができあがっているというわけだ。
彼らは、北米大陸で最初のスロークッカーと呼べるかもしれない。

北米大陸に上陸した開拓民は、インディアンたちから縦穴式料理法を学び、調理器具としてダッチオーヴンを加えた。フランス人の毛皮商人たちは、ビーンホールの料理法をカナダ西北部の山男たちに伝え、彼らはロッキー山脈に持ち込み、そこからさらに北米の開拓民へ伝えられていった。

この調理技術は、その後、何百年もの間、人々に受け継がれ、薪ストーブやオーヴンレンジへと形を変えながら、発展していった。ガスオーヴンや電気オーヴンが普及する前は、鉱山や材木の切り出し場、山岳のリゾート、釣り場や狩場の料理人たちは、縦穴に熱い炭を入れてダッチオーヴンを落とし入れ、土で覆って料理していた。当時、この方法で調理される食材が主に豆だったことから、縦穴に「ビーンホール」という名前が付けられたのだという。

アウトドア作家の先駆けともいえる米国人のホレース・ケップハートは、1906年に『Camping and Woodcraft』というベストセラーを出版した。その中で、彼は、ビーンホールのことを「ベークホール」と呼んでいる。
「長期滞在のキャンプで、ストーブが設置されていない場合は、ベークホールを作るべきである。そうでなければ豆料理も作れない」と書いている。

ビーンホール内部の壁面と底を熱するために、まず高熱の焚き火を燃やす

熱したビーンホールの中にダッチオーヴンを沈め、ビーンホールに蓋をして、さらに土をかぶせる。この状態で長時間放置し、ダッチオーヴンがゆっくりと加熱されるのを待つ

ビーンホールで調理されたダッチオーヴンの蓋を開けるときは、感動の瞬間だ

　さらに彼は、「ベークホールはどこにでも掘ることができるが、小山のゆるい斜面に掘ると、内部を熱する炭や灰も掘り出しやすく、雨のときでも水はけがよい。石で内部を固めると、保温もよくなり、頑強になる。鍋よりも少し大きめの穴にするとよい。ハードウッドで穴の中に火をおこし、周りの石や土が熱せられるまで、約30分ほど燃焼させる。できた炭は、すべてすくい出し、料理を入れてしっかりと蓋をしたダッチオーヴンを沈め入れ、蓋を灰と炭で覆う。長時間の加熱を必要とする料理の場合は、さらに、蓋の上に小さな火をおこしておく。穴は大きく平らな石でふさぐ。これが、豆や肉を調理する方法だ」と書いている。

第 **6** 章　ビーンホール料理に挑戦してみよう！

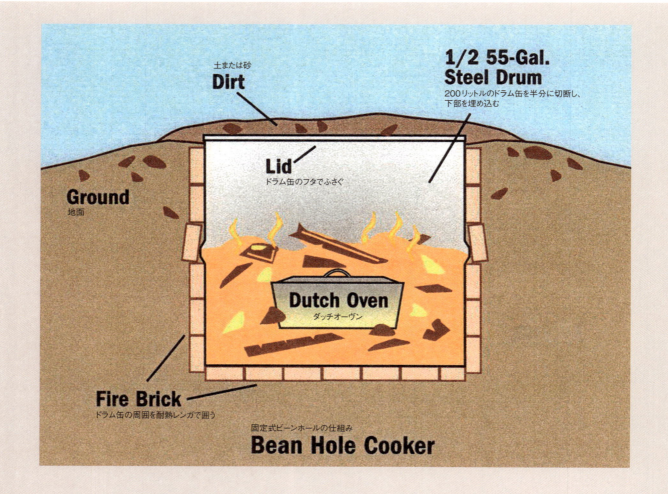

固定式ビーンホールの作り方

　私はカンバーランド山脈のテイターノブ山麓の私設キャンプに、使いたくなったら、いつでも使える固定式のビーンホールを作った。その作り方を図解も交えて紹介しよう。
　清潔な容量200ℓのドラム缶を半分に水平切断する。ドラム缶の上部は捨て、蓋と下部だけ使う。ドラム缶の底には、万が一、水が入ったときに流し出すための小さめの穴をいくつか開けておく。さらに、熱で底が壊れてしまわないように、砂を底から7～8cmの高さまで敷きつめておく。
　キャビンやキャンプ場から離れた屋外の安全な場所に、切り取ったドラム缶より少し大きめの穴を掘る。穴の底と側面に耐熱レンガを敷き詰める。
　準備したドラム缶をビーンホールに入れ、レンガとドラム缶の間に砂を注ぎ入れて、動かないように固定する。ドラム缶の蓋を

固定式ビーンホールは、簡単な DIY で作ることができる

かぶせれば、固定式ビーンホールのできあがりだ。

　豆料理に限らず、どんな料理でも、まずはビーンホールの中に薪を入れて火をおこし、45分ほど燃焼させることから始める。こうすることによってレンガとその周りの地面が温められる。おこした火で炭ができあがったら、シャベルで半分をすくい出す。残り半分の炭の上に、料理の入ったダッチオーヴンをのせる。

　シャベル2杯分ほどの炭をダッチオーヴンの蓋の上に乗せ、ドラム缶の蓋をし、その上に土か砂を被せる。内部に熱を閉じ込め、一定の温度を長時間保つためだ。

　あとはハイキングか釣りにでも出かけよう。帰ってくれば温かい料理が待っている。

　ビーンホール料理をマスターするには、何度か試してみる必要があるが、その過程も楽しい。成功したあかつきには、お気に入りのアウトドア料理法となることは間違いなしだ。

第 6 章　ビーンホール料理に挑戦してみよう！　49

ダッチオーヴンを長く使い続けるには、正しい洗浄とメンテナンスが大切だ

CHAPTER 7
CLEANING AND MAINTAINING YOUR DUTCH OVEN
ダッチオーヴンの洗浄とメンテナンス

初めてダッチオーヴンを使う人は、ロッジ社の製品のように、
出荷された時点ですでにシーズニングされているダッチオーヴンを選ぶべきだ。
そうすれば、他のどんな鍋の洗浄より簡単なことに驚くだろう。
ダッチオーヴンは洗剤を使って洗うことを前提にしていない。
普通の鍋のように洗うと、
シーズニングをやり直さなければならなくなるので注意しよう。

正しい洗い方

シーズニングされたダッチオーヴンの洗浄法を紹介していこう。次の3つのステップで洗浄は済んでしまう。

1 食べ物を取り除き、湯で洗う

ダッチオーヴンは料理を作り終えたら、できるだけ早く洗うべきだ。それも早ければ早いほどよい。ダッチオーヴンで料理を保管するのは、絶対にやめよう。料理に含まれる酸がシーズニングの膜をすぐに突き破って、鉄と接触するので、洗った後に錆びを招くことになってしまう。

ダッチオーヴンを水につけたり、中に水を張ったりして放置するのもタブーだ。鋳鉄製の調理器具は水から守ってやらなければ、あっという間に錆びてしまう。

調理が終わったら、すぐに木べらやプラスチック製のヘラなどで、こびりついた食べ物を落とそう。日本の場合は、細長い竹をまとめた中華鍋や鉄のフライパンを洗うための「ササラ」も便利だ。金属製のタワシやフライ返し、研磨シート付きのスポンジなど、金属が使われた道具は、シーズニングをだいなしにするので、絶対に使わないこと。

シーズニング済みのダッチオーヴンは、洗剤で洗うとシーズニングを傷め、次に作る料理に洗剤の味を残すと言われることがある。しかし、私は十分にシーズニングされた鍋であれば、熱い湯と薄めた洗剤で洗っても、そう大きな害はないと思っている。

調理の後に、食べ物がこびりつき、軽くこすっただけでは落ちないような場合は、鍋に湯を張り、加熱しながら、木べらなどでこそぎ落とせばいい。湯が高温になるので、やけどには気をつけ

第7章　ダッチオーヴンの洗浄とメンテナンス　51

丈夫な鋳鉄鍋だが、乱暴に洗うのは好ましくない。柔らかめのブラシか、ナイロン製のスポンジを使おう。私のおすすめは、写真で紹介しているロッジ社のスクラブブラシだ

て作業しよう。

　木べらで落ちない場合は、プラスチックのブラシやスポンジを使って落とす。蓋も付着した食べ物を落としてから、温かい湯で洗い流しておこう。

　決してやってはいけないのは、まだ熱い鍋に冷水を注いだり、冷たい鍋に沸騰した湯を注ぐことだ。鍋が壊れるだけでなく、高温の鍋や流れ出した湯でやけどをする危険性がある。以前、まだ熱い鍋に冷水を大量に入れて洗浄しようとした料理人がいたが、鍋は一瞬でひび割れてしまった。

2 完全に乾燥させる

　ダッチオーヴンを洗ったら、ペーパータオルか布で、鍋と蓋の水分を完全に拭き取ろう。火にかけて水分を蒸発させてしまう料理人もいる。肝心なことは、できる限り水分を取り除き、保管中の錆を防ぐことだ。

3 鍋と蓋全体に油を薄く塗る

　鍋と蓋の外側と内側にまんべんなく植物油、または鉱油を薄く塗る。あまりたっぷり塗ると、あとでゴムのように固まってしまうの

で注意しよう。油の塊は、腐敗して汚臭の原因になってしまう。ラードは酸化しやすいので使わない。

ただし、植物油の場合、蓋で密閉した状態でダッチオーヴンを長期間、放置すると、油が腐敗してしまう。そんな鍋で調理すると、腐敗した油のにおいが食べ物にも移ってしまう。長期間、保管するときは、鉱油を使うといいだろう。私の経験では、一度も鉱油が腐敗したことはない。

正しい保管の仕方

ダッチオーヴンは長期間、保管することも多い調理器具なので、錆や腐臭を予防するためにも、正しい保管法を知ることが大切だ。

まず、湿気やホコリから鍋を守る場所を確保しよう。私の住む米国南部は湿気が高いので、ガレージや外の納屋にダッチオーヴンを保管すると錆が急速に進んでしまう。そこで、私は居間の暖炉の上に、デコレーションとしてダッチオーヴンを置いている。家の中であれば、セントラルヒーティングで湿度も一定にコント

ロールされているので、安心なのだ。

どこにダッチオーヴンを保管するにせよ、蓋で密閉してしまうのは好ましくない。内部に湿気がたまり、錆びてしまうからだ。また、空気の循環が悪いと、シーズニングで染み込んだ油分が腐敗し、汚臭を放つ原因になる。

ダッチオーヴンを適切に保管するには、蓋と鍋の間に数枚のペーパータオルなどを挟み、空気が出入りする隙間を開けておくことだ。アルミホイルを小さくたたみ、数カ所に挟む人もいる。大切なのは、鍋の内部と外部の空気の流れをよくすることだ。

さらに念を入れるなら、一片の炭をペーパータオルに巻いて挟んでおくといい。炭は、チャコールブリケットではなく、本物の炭を選ぼう。炭がにおいも湿気も吸い取ってくれる。

錆を見つけたら、すぐに対処する

鋳鉄の大敵は錆だが、どんなに注意していても、錆びることはある。定期的に鍋の外側と内側をくまなくチェックする習慣をつけよう。蓋の内側も忘れずに見ることだ。錆は、早めに発見すれば

するほど、処理しやすい。錆の進行は予想以上に速く、時間が経ってしまうと、鍋が使い物にならなくなることもある。

錆を見つけたら、金属のブラシやスチールウールでこすり、取り除くことだ。錆が落ちたら、必ずもう一度、シーズニングを施す。

再シーズニングの施し方

再度、シーズニングを施さなければならないのは、正しい手入れをしていなかった場合がほとんどだ。洗浄力の強い洗剤で洗ったり、金属製のタワシやフライ返しを使うと、シーズニングの膜がはがれてしまう。また、正しく保管されていなかった場合もシーズニングを傷める。

もし、錆びてしまったり、油分が腐敗してしまった場合は、もう一度、シーズニングが必要になる。

再シーズニングの方法は、シーズニングされていない鋳鉄鍋を使い始めるときと同じだ。乾いた状態のダッチオーヴンの錆やこびりついた油汚れをタワシでこすり落とし、柔らかいブラシを使いながら水洗いする。

次に食器用洗剤をスポンジにつけて洗い、流水で洗剤分をしっかり落とす。ペーパータオルか布で水分をよくふき取ってから、コンロにのせ、強火で熱する。十分に熱したら、中火にしてオリーブオイルをトングと布を使って鍋全体になじませ、さらによく焼く。この作業を2〜3回繰り返す。鉄臭さが気になる場合は、たっぷりの玉ねぎや長ねぎなどの香味野菜を炒めるといい。

鍋の内側のシーズニングが終わったら、外側にもまんべんなく油

シーズニング前のダッチオーヴン（左）と、シーズニング後のダッチオーヴン（右）

を塗り、同様に10分ほど強火で焼く。蓋も同じように油を塗って、強火で焼く。シーズニング作業は高温の状態で行うので、耐熱素材のグローブを使うなどして、やけどには十分注意して欲しい。

ダッチオーヴンの持ち運び方

　ダッチオーヴンは、よく旅をする調理器具だ。旅先は、友人宅で行われる裏庭パーティーかもしれないし、家族揃ってのキャンプ旅行かもしれない。キャンピングカーの旅、カヌーの旅、キャビンに宿泊する旅と、旅のスタイルもじつにさまざまだ。

　行き先がどこであれ、ダッチオーヴンを荷造りするときは、本体が傷つかず、周囲のものも傷つけない配慮が必要だ。以前、カヌー旅行に行ったとき、手荒く積み込まれたダッチオーヴンの足がキャンバス製のカヌーの底を突き破ってしまい、浸水する羽目に陥ったことがあった。あるときは、旅の仲間がダッチオーヴンを車から降ろそうとして、コンクリートの上に落とし、割ってしまったのを見たこともある。移動中のSUVの荷台に放り込まれたダッチオーヴンが、コールマンランプのガラスを粉々に割ってしまったこともある。

　このような理由から、シェフたちの間では、ダッチオーヴン専用にデザインされたパッド付きのバッグが人気だ。日本では、A&F社の「キャリングケース」が便利だろう。ロッジ社のダッチオーヴンに合わせて作られているので、ぴったりと無駄なく収納できる。ダッチオーヴンを持ち運ぶ予定があるなら、これらのバッグの購入は賢い投資になる。

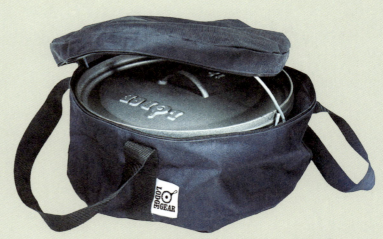

ダッチオーヴンの持ち運びには、専用にデザインされた丈夫なバッグが重宝する

第7章　ダッチオーヴンの洗浄とメンテナンス

柄の長いシャベル (P65) を使うと、火元から離れて作業できる

CHAPTER 8
DUTCH OVEN ACCESSORIES YOU CAN'T DO WITHOUT
ダッチオーヴン料理に便利な道具

今は使い勝手のいいダッチオーヴン料理に役立つ道具が数多く市販されている。
それらを使えば、駆け出しのダッチオーヴン・シェフでもプロのように料理することができるだろう。
この章では、ぜひ手に入れたいグッズを紹介していこう。

ダッチオーヴン用グッズの優れた点は、火を早くおこすことができたり、火を自在にコントロールできたり、やけどを防いでくれたり、楽な姿勢で調理ができることだ。簡単に温度が計測できたり、洗浄を楽にしてくれる道具もある。昔の人たちが見たら、どんなに高価でも争って買い求めただろう。

料理が楽になるクッキングテーブル

今のダッチオーヴン料理は、未開拓地でキャンプファイヤーを囲むだけでなく、家庭の裏庭や公園など、身近な場所で調理することが多い。たいていの場合は、キャンプファイヤーで炭から作るのではなく、チャコールブリケットが使用される。そんな多くのブリケットユーザーのために、誰かが思いついてデザインしたのが金属製のクッキングテーブルだ。地面に膝をついて調理をするのに比べると、立ったままで料理ができるのは、とても楽だ。

チャコールブリケットをダッチオーヴンの上下に置きやすく工夫されているし、後片付けも簡単な上に地面を焦がさなくて済む。

ダッチオーヴン用のクッキングテーブルは、時代とともに改善され、ますます使いやすくなっている。取り外しできる風よけがついたおかげで、風の強い寒い日でも火力の調節がずいぶん楽になった。折りたたみ式のクッキングテーブルであれば、保管や持ち運びも便利だ。足の長さが調節できるクッキングテーブルを使えば、足場の悪い地面にも楽に設置できる。

私が愛用するロッジ社のクッキングテーブルは、それらの欲しい機能がすべて揃っている。鉄製で作られ、重さは15kgほど。折りたためるので、持ち運びも保管も簡単にできる。セットアップも1分とかからない。クッキングテーブルの面積は81×41cmで高さは90cm。ダッチオーヴンのサイズを変えたり、複数を重ねたり、使い方を工夫すれば、2〜4個のダッチオーヴンが置ける。

手ぼうきやパテナイフなど、使用後のクッキングテーブルを掃除するグッズも用意しておくと便利だ。

ダッチオーヴン用のクッキングテーブル。腰をかがめずに調理ができる

火おこしに便利なチャコールチムニー

　昔は、チャコールチムニーという便利なものはなかった。チャコールチムニーを使えば、発火燃料を使わずに炭を短時間で高温に上げることができる。構造も金属製の短い煙突に、チャコールブリケットを重ね入れて入れるだけのシンプルさだ。新聞紙を何枚か丸めて底に入れ、着火すればよい。ほんの数分で、ダッチオーヴンの上下に置ける適温の炭ができあがる。

内鍋になるケーキラックとケーキ型

　ダッチオーヴン料理を始めたばかりの頃、私は、料理を焦がしてばかりいた。ある日、モンタナの山奥に狩猟に行ったときだ。キャンプの料理人がケーキラックとアルミ製の平鍋をダッチオーヴンに入れて、まるで家庭のオーヴンのように使っているのを見たときは、まさに目からウロコという気持ちだった。

　料理を入れた5〜7cm深さのアルミ製の平鍋は、ケーキラック

この写真のアルミ製平鍋は、ダッチオーヴン専用に作られたもの。内側にちょうどよく収まるようにデザインされている

の上に乗せられているので、料理が焦げ付くことがない。ケーキラックを鍋底に置くことで空気が循環できる空間ができるため、鍋が過剰に熱せられるホットスポット問題が解決されるのだ。アルミの平鍋を使えば、料理が直接、ダッチオーヴンに触れることがなく、後始末も楽になる。

　この旅から戻ってすぐ、私は調理道具店に足を運び、ケーキラックと、耐久性の高いアメリカン・メタルクラフト社[*1]の底面に対して側面が垂直になっている丸いケーキ型を、ダッチオーヴンのサイズに合わせて買い求めた。

　ケーキ型のサイズは、手持ちのダッチオーヴンよりも少し小さめを選ぶことだ。たとえば、12インチのダッチオーヴンには9〜10インチ（22〜25cm）のケーキ型がいい。鍋と型の間に隙間があれば、熱いダッチオーヴンから鍋つかみをを使ってケーキ型を取り出すことができるからだ。

　ケーキ型の深さは、鍋の蓋がぴったりと閉まるように計算して選ぼう。ケーキ型のほうが鍋より高くなり、蓋が鍋よりも浮き上がっては困る。高さが5〜7.5cmのケーキ型なら、ほとんどのダッチオーヴンに合うだろう。

　私は、ケーキラックとケーキ型と共に、耐久性の高いプロの料理人向けの鍋つかみ[*2]も購入した。熱いできたての料理を高温

[訳者注]
*1　アメリカン・メタルクラフト社のケーキ型
製菓材料店などで、スポンジケーキ用の丸型を購入するとよい。日本ではアルミ製よりブリキ製、ステンレス製が多い。
*2　鍋つかみ
本書に登場する鍋つかみは、金属製のヤットコのようなタイプを指す。「クッカー用鍋つかみ」や「グリルパン用ヤットコ」などの名前で市販されている。

第**8**章　ダッチオーヴン料理に便利な道具

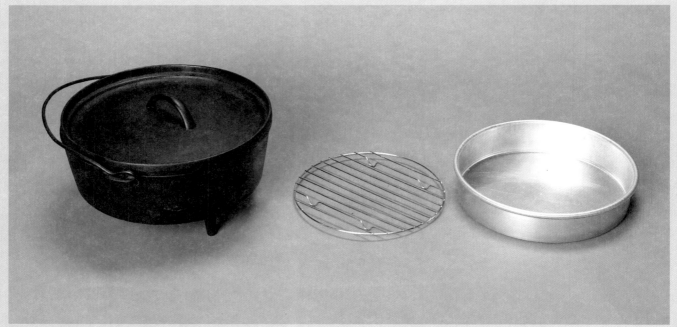

ダッチオーヴンとケーキラック、耐久性のあるアルミ製のケーキ型

のダッチオーヴンから取り出すときに、鍋つかみなしでは不可能に近いからだ。

　今では、私のレシピの多くに、このケーキラックとケーキ型のコンビが登場している。この2つのおかげで、料理の手間と時間を大いに短縮することができた。とくにケーキ型のおかげで、豆やトマトを使った料理など、酸性度の高い料理で鍋を傷めることを心配する必要もなくなった。糖分が多い料理も同様だ。こびりつきの始末がとても楽になったのだ。

　少々、ケーキ型から吹きこぼれることはあっても、料理が鍋に直接、触れることはほとんどない。最近はダッチオーヴン・シェフの多くが同じ方法で料理をしているが、その便利さを考えれば、当然と言えるだろう。

　大きな塊肉を料理するときなどは、しっかりしたラックをダッチオーヴンの底に置こう。ロッジ社のトリベット*3を利用するのがおすすめだ。オーヴンの底に置くだけでなく、熱い鍋やケーキ型を置く鍋敷きとしても必要になる。

　ケーキラックとケーキ型の難点と言えば、できあがる料理の量が減ることだ。鍋に直接、食材を入れたほうが一度にたくさん作ることができる。私も、いつもケーキ型を利用して料理するわけではない。ダッチオーヴンに直接、食材を入れて調理するレシピもある。

鍋代わりになるアルミホイルとオーヴン用シート

　ケーキ型の代わりにアルミホイルやオーヴン用シートを中敷きにする方法もある。どちらも十分に役目を果たしてくれる。私は毎年、アウトドアエキスポで幌馬車炊事班のチームに参加しているが、600人分のコブラーをダッチオーヴンで料理している。こ

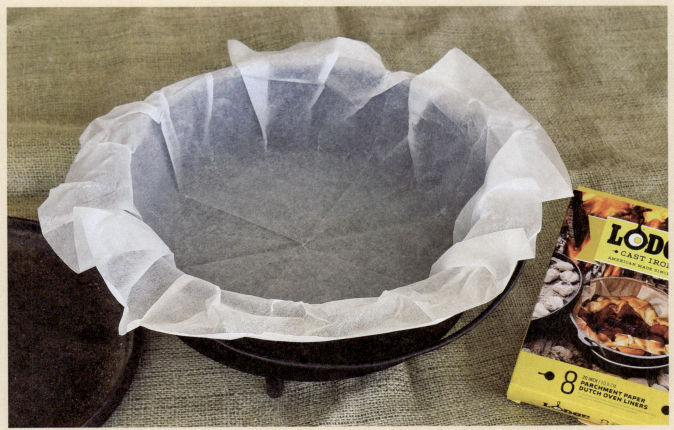

ダッチオーヴン用の専用シートはパイやケーキを焼くときに便利だ

のイベントでは、たいてい20個のダッチオーヴンが午後の間中、稼働し続けることになる。そこで、時間を節約するために、鍋底にトリベットを置き、アルミホイルを鍋の内側に添わせるように敷いて使っている。アルミホイルは使い捨てができるので、ダッチオーヴンを汚さずに済む上に、料理が出来上がり次第、すぐにテーブルに運ぶことができる。

オーヴン用シートは、パイやケーキを焼くのに便利だ。軽いので持ち運びしやすく、鍋も汚さない。アルミホイルより柔らかいので、出来上がった料理を鍋から出すときに苦労することもあるが、慣れればコツがつかめるだろう。

米国ロッジ社は、ダッチオーヴンの各サイズに合わせた中敷き用の専用ペーパーも販売している。

*3　トリベット
鋳物製の足付き鍋敷き。鍋底に敷き、料理を焦げ付きにくくし、余分な水分や油を落とすのにも使う。使用後は、洗浄後、加熱せずに水分をふき取り、食用油を薄くひく。
ロッジ社のトリベットのサイズは、直径20.7cm、厚さ7mm、重さ700g。（P159参照）

第8章　ダッチオーヴン料理に便利な道具

ダッチオーヴンに適した木べらと金属製スクレーパー、プラスチック製のスクレーパー　　シンプルなタイプのリッドリフター

木べらやタワシなど汚れ落としの道具

　焼き目をつけたいような料理は、どうしてもダッチオーヴンに食材がこびりついてしまうものだ。こびりつきが頑固だと、つい金属製のフライ返しやタワシなどでこそぎ落としたくなる。しかし、再シーズニングの項でも書いたように、これは絶対にしてはいけない。シーズニングがはげ落ちて、もう一度、シーズニングし直さなければなくなる。焦げつきを落とすために、上記の写真の道具を揃えることをおすすめする。

1 ロッジ社製のスクレーパー。(写真左)
2 「Knapp Made CM Scrubber」*4と呼ばれる金属製のスクレーパー。表面がなめらかな金属の輪がチェーン状につながれて布のように編まれている。こびりついた汚れを落としやすく、とても長持ちする道具だ。(写真中央)
3 Earlywood社の木べら*5。耐久性の高い木べらで、鋳鉄鍋用に特別に仕上げられている。(写真右)

　これらの道具なら、鋳鉄鍋を傷つけることなく、簡単に料理のこびりつきを落とすことができる。

鍋や蓋を持ち上げるリッドリフター

「リッドリフター」はダッチオーヴン料理には欠かせない専用の道具だ。いろいろな使い方ができる。たとえば、炭をたくさん積んだダッチオーヴンの蓋を揺らすことなく持ち上げることができるし、持ち手に引っ掛けてダッチオーヴンを持ち上げることもできる。料理中に鍋を回転させるときにも便利だ。

　リッドリフターにはさまざまな長さやデザインがあり、鉄製の棒の先にフックが2つ付いているだけの単純な形のものから、グリップで蓋のつかみ具合を調節できるものまである。ダッチオーヴンの販売店や販売コーナーにあるので、自分に合った使いや

手元のグリップで蓋のつかみ具合が調節できるリッドリフター

炭の上にリッドスタンドを設置し、蓋を返して乗せると、平らなスキレットとして利用できる

すいものをじっくり試しながら選ぶといい。重い蓋や鍋を楽に持ち上げられるタイプが見つかるはずだ。

蓋置きになるリッドスタンド

　重い鉄棒を十字に組み合わせた形をしている「リッドスタンド」は、ダッチオーヴンの蓋を置けるようにデザインされたものだ。
　リッドスタンドは蓋置き以外にも使える。周囲に熱したチャコールブリケットを置き、その上にダッチオーヴンの蓋をひっくり返して置けば、平らなフライパン代わりになり、目玉焼きを作ったり、肉や魚を焼くこともできる。クッキングテーブルの上でも、リッドスタンドを使えば、蓋をグリルとして使えるので便利だ。
　もう1つ、リッドスタンドが便利なのは、温まりにくいダッチオーブンの蓋を予熱するときだ。リッドスタンドの下にいくつかの熱した炭を置き、その上に蓋を乗せておけば、数分で予熱が完了する。

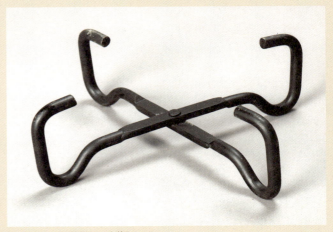
リッドスタンド。上下を逆にしても使える

[訳者注]
＊4　Knapp Made CM Scrubber
A&Fで販売。他にパーム素材のタワシやササラなども使える。

＊5　Earlywood社の木べら
日本では一般的な木べらを使うとよい。

第 **8** 章　ダッチオーヴン料理に便利な道具　63

熱いチャコールブリケットを扱うのに柄の長いトングが便利だ

やけどから手を守ってくれる厚手の皮手袋

キャンプファイヤーで調理するのに便利なトライポッド

熱を避ける柄の長いトング

炭を安全に正確に置くには、ステンレス製の柄の長いトングを使うのが一番だ。40cmほどの長さが使いやすいと思う。それくらいの長さがあれば、熱い思いをせずに炭が置けるし、鍋の中身を取り出すこともできる。

私はたいていトングを2本携帯し、1本は炭用に、もう1本は料理用に使っている。長いトングは、ダッチオーヴンの販売コーナーで見つけることができるだろう。私が好きなのは、持ち手が木製になっているものだ。長い時間、持っていても熱くならない。

やけどを防ぐ厚手の皮手袋

ダッチオーヴン料理をする以上、熱からは逃れられない。ときには、何かの拍子で熱い料理が飛び散ることもある。やけどを予防するためには、溶接工が使う手袋やダッチオーヴン用に作られた耐熱性のある厚手の皮手袋を使おう。私はロッジ社製のレザーグローブを愛用している。何度もこの手袋のおかげでやけどをせずに済んだ。

料理を吊すトライポッド

キャンプファイヤーで料理する場合、「トライポッド」が必要だ。トライポッドとは、ダッチオーヴンを吊すために頑丈に造られた鉄製の三脚のことを言う。トライポッドにもいくつかの種類があるが、3本の脚が頂点でしっかりと固く留められ、鍋を吊る長さを調節できるチェーンがついているタイプが便利だ。

脚の長さもさまざまだが、私は料理をする空間に余裕を持たせることができる152cmほどの長さがいいと思っている。また、脚

シャベルは柄の長いものがいい。すくう部分に穴を開けておこう　　余分な灰を落とすのに便利な手ぼうき

の直径が1.8cm以下のものは避けたほうがいい。たっぷり料理の入ったダッチオーヴンの重量は相当なものだ。料理中に脚が折れでもしたら、大惨事である。

　また、脚の長さを調節できるトライポッドもある。私が使っているのは、ロッジ社製だが、他のメーカーの商品もある。

炭をすくうシャベル

　キャンプファイヤーで作った炭をダッチオーヴン料理に使うには、柄の長いシャベルが必要だ。軍隊が穴を掘るときに使う柄の短いタイプやカヌーや乗馬の旅で使うようなタイプも使ってみたが、火に近づいて作業しなければならないので、非常にやりにくかった。

　ダッチオーヴン・シェフには、一般的な金物店で売られている中央が尖った形のものや灰をすくい上げやすい四角いタイプが人気だ。私は両方を使っている。

　シャベルには炭をすくい上げるときに不要な細かい炭や灰が落ちるように、直径2cm弱の穴を全体に空けておくといい。シャベルを少しゆらすようにしながら燃える灰をすくい上げると、ちょうどよいサイズの炭が得られる。

　また、クッキングテーブルを掃除するときには、暖炉で使う小さめのシャベルが便利だ。

灰を落とす手ぼうき

　ダッチオーヴン料理では、蓋の上にも炭をのせて加熱するので、料理中に灰を落としたり、炭を加える必要がある。料理が出来上がって蓋を開けるときは、内部に灰が入らないように、特に注意しなくてはならない。車の掃除に使うような小さめの手ぼうきは、この作業にとても便利だ。鉄製のクッキングテーブルの灰を落とすのにも活躍してくれる。

第8章　ダッチオーヴン料理に便利な道具　65

レーザーで温度が測れる赤外線温度計

温度管理に役立つデジタル温度計

一見、アウトドアにはそぐわなそうな道具だが、デジタルの赤外線温度計を使えば、熱いダッチオーヴンに近寄ることなく、温度が測れる。どのような気象条件のとき、どれくらいの炭を使えば、何度に熱することができるかを学ぶには最適のツールだ。私は赤外線温度計を使うことで風や気温、炭の種類と数などが、いかにダッチオーヴンの温度を変化させるかを学んだ。勘だけに頼ることなく、好みの温度にオーヴンが保てるのは、とても心強い。

私はいつも赤外線温度計に加え、ロースト用のデジタル温度計も携帯し、肉の内部の温度を調べるのに使っている。

鍋を傷つけない木製の調理道具

柄の長い木のスプーンは、ダッチオーヴン料理には欠かせない。木は柔らかいので、ダッチオーヴンを傷つけず、つやを守ってくれる。味見をするときに、木のスプーンを使えば、唇のやけども防げる。

しかも、木のスプーンは、ダッチオーヴンが使われ始めた頃からの道具である。有名なダッチオーヴン・シェフのジョージ・プレクターも、ダッチオーヴンの前で木のスプーンを手にしていなければ、様にならない。彼はダッチオーヴンをキャンプファイヤーの上に吊るし、木のスプーンを使って器用に調理することで有名な人物だ。彼には炭で料理中のダッチオーヴンの蓋を、スプーンでコツコツ叩くクセがある。叩いた音で何を確かめているのかは、未だに不明だが。木のスプーンで料理を混ぜたり、味見したりしながら、悪態をつくことでもよく知られている。

私はダッチオーヴンをきれいにする時にも、シーズニングを傷つけないように木製のヘラを使っている。

木製調理道具のケア法

木製の調理道具を長く使うためのケア法も紹介しておこう。

食洗機で洗わない

まず覚えて欲しいのは、水は木の大敵ということだ。水分は木を膨張させ、曲げ、色を落とし、ひび割れを作ったりする。これらのダメージを防ぐには、洗剤を入れた熱い湯でさっと洗い、ラックにのせて乾かすことだ。食洗機は水で洗浄する時間が長すぎるだけでなく、高温になるため、木を必要以上に乾燥させてしまう。木の水分を奪うばかりで、こびりついた食材を落としてくれないばかりか、木肌を灰色に毛羽立たせ、すぐにダメにしてしまう。

毛羽立ちが目立ってきたら、こすり磨く

買ったばかりの木製調理道具を何度か洗うと、表面が少し毛羽立ったように見えてくる。これは水分に反応し、木肌が少し持ち上がってくるからだ。毛羽立ちが気になった場合は、硬めの不織布がついたスポンジでゴシゴシとこするといい。一度、こすり落としておけば大丈夫だ。

ダッチオーヴン料理には欠かせない木製の調理道具

木製品を長く使い続けるために、定期的にオイルを塗り、手入れをしておこう

水分から守るオイルがけをする

　時々、木製の調理器具にたっぷりとオイルを塗っておこう。体に害がなく、無臭で、腐敗せず、すぐに染み込むオイル*6がおすすめだ。オイルは水をはじくので、木製品のたわみやひび割れ、色褪せなどを防いでくれる。手入れのコツは、惜しまずにたっぷりのオイルを使うこと。そして、できる限りの量のオイルを塗りこんだら、一晩寝かせ、余分なオイルを柔らかな布でふき取っておこう。

　木製の調理道具にオイルを塗りこむのは、じつに楽しい時間だ。ダッチオーヴンをシーズニングしたり、お気に入りのハイキングブーツや皮の手袋に防水ワックスを施す楽しさに似ている。時間をかけて楽しもう。高価な木製の調理道具をいつまでも新品のように保つには、5〜6回使うごとにオイルがけするといいだろう。よく使い込んだ感じが好きな場合は、3〜6ヶ月に一度オイルがけすればよい。

料理を楽しくする食器や調理器具

　頻繁にアウトドアで料理を振る舞うようになると、携帯に便利で壊れない食器セットが必要になる。私はコールマン社製の丈夫な青と赤のホウロウ食器を使っている。野外のテーブルに並べると、カラフルな色がとても映える。カトラリーにもこだわると、食事がより楽しく、おいしく感じるだろう。

　他にもボウルや計量カップ、計量スプーン、包丁なども、調理には必要だ。少しずつ必要な道具や欲しい道具を揃えていくのも、ダッチオーヴン料理の楽しさだ。

［訳者注］
*6　オイル
日本ではエゴマ油やクルミ油、アマニ油が向いている。

第 **8** 章　ダッチオーヴン料理に便利な道具

重ねて使えば、パン、メインディッシュ、デザートまで1度に作れる

CHAPTER **9**
EASY BREADS FOR DUTCH OVENS
ダッチオーヴンで作るイージーブレッド

ダッチオーヴンとパンの相性のよさは抜群だ。
ダッチオーヴンを使ったパンはとても簡単で、アウトドアでも気軽に焼くことができる。
小麦粉を使って1から作るのが理想だが、市販のミックス粉を使えば、もっとプロセスは簡単になる。
ダッチオーヴンで焼けるパンのレシピは、この本に収まりきらないほど、たくさんあるが、
ダッチオーヴン・シェフなら誰でも知っておきたいレシピを紹介しよう。

ダッチオーヴンでパンを焼くときに覚えておいて欲しいのは、できあがったパンをすぐに取り出すことだ。ダッチオーヴンは保温性に優れているので、そのままにしていると、せっかくふんわりと焼けているのに、内部の蒸気が水滴となってしたたり落ち、パンが湿気を帯びてしまう。

ダッチオーヴンで作るパンのいくつかには、歴史好きが喜びそうなエピソードもある。レシピと一緒に、歴史的背景も紹介していこう。

TATER KNOB HOECAKE
テイター・ノブ・ホーケーキ

「ホーケーキ」には、「パンブレッド」「スキレットブレッド」「コーンポーン」など、さまざまな別名がある。

ホーケーキのルーツは、南北戦争が起こる前、南部の奴隷たちが食べていたパンだ。南北戦争中は、南部軍の兵士が食料に窮した際、ふだん食べているパンの代用品として焼いたと伝えられている。南北戦争後は家を失った移住者たちの糧になり、一攫千金を狙う金鉱掘りや開拓者の移動と共に西部に広まり、彼らの主食となった。そして、さらにアラスカやカナダのユーコンにまで伝わったという。

ホーケーキは、ダッチオーヴンの鍋は使わず、蓋を火にかけ、その上でホットケーキのように焼く。ダッチオーヴン・シェフの私たちがよく作るなじみ深いパンの一つだ。

 2人分　ダッチオーヴンのサイズ：どの大きさでもよい

［材料］
セルフライジング*1 のコーンミール……1カップ
塩……少々
卵……1個
バターミルク*2……適量
油……適量

［作り方］
1　ダッチオーヴンの蓋を裏返した状態で熱する。
2　少量の油を蓋全体に広げ、熱する。
3　ボウルにコーンミール、塩、卵、バターミルクを入れ、粉けがなくなるまで、よく混ぜ合わせる。
4　2に3の生地を適量、丸く流し、軽く焼き色がついたら、ひっくり返す。
5　生地に火が通り、両面が色よく焼けたらできあがり。

［訳者注］
＊1　セルフライジングのコーンミール
米国で市販されているベーキングパウダー入りのコーンミール。日本では、コーンミール1カップにベーキングパウダー小さじ1と1/2、塩小さじ1/2を加えるとよい。
＊2　バターミルク
日本で入手しやすいのは粉末タイプ。牛乳200mℓに酢大さじ2と1/2を加え、5分ほど置いたものでも代用できる。

第9章　ダッチオーヴンで作るイージーブレッド　71

BANNOCK
バノック

「バノック」は、北米大陸の国立公園や国立森林公園など、未開拓で原生の自然が残る特別に管理保全されたエリア「ウィルダネス」のパンとしても知られている。北米大陸の歴史とともに愛されてきた簡単に作れる初心者向きのパンだ。

17世紀、フレンチカナディアンの移住者たちは、北米大陸のずっと北の大地、グレートレイクから北西カナダまでの水路を切り拓いていった。彼らは卓越したカヌーの操舵術を持ち、気の遠くなるような道のりをわずかな食料で生き延び、開拓を進めていった。その主食の1つが、スコットランドで生まれた簡素なパンのバノックだった。

バノックは、何世紀にもわたって、北米の寒冷地に位置するウィルダネスを旅してきた開拓者たちのパンだが、今もバックカントリーで過ごす人たちには、好んで食されている。

通常、バノックは、ダッチオーヴンでパウンドケーキのようなローフ型に焼くが、このレシピでは、型がいらない丸いビスケット風に焼いている。また、バノックの生地は、パンケーキやダンプリング、パイ生地、揚げ魚の衣、ケーキやペストリーの生地など、パン以外の料理にも使える。バノックの材料をつねに携帯していた開拓者や探検隊は、バノックの生地で多様な料理を作る知恵も大切にしていたのだろう。

 2人分　ダッチオーヴンのサイズ：**10インチ**

［材料］
小麦粉……1カップ
ベーキングパウダー……小さじ2
塩……小さじ1/2
スキムミルク……小さじ2

［作り方］
1　ダッチオーヴンを熱しておく。
2　材料をすべて混ぜ合わせ、少量の水（分量外）を加えて混ぜ、少し固めのしっとりした生地を作る。
3　打ち粉（分量外）を振った台に生地をのせ、手早くこねる。
4　生地を平らな円形に伸ばし、温めておいたダッチオーヴンに入れる。
5　黄金色に焼き色がつくまで焼く。

SOUTHERN BISCUITS & COUNTRY GRAVY
南部風ビスケットとカントリーグレーヴィー

このパンのレシピは、「南部風ビスケット」とも呼ばれ、広く親しまれている。カントリーグレーヴィーミックス*1と組み合わせれば、おいしい朝食を簡単に作ることができる。ソーセージやグリッツ、ハッシュドポテト、そしてホームメイドのイチゴジャムがあれば、さらに豪華な朝食になるだろう。

 2人分　ダッチオーヴンのサイズ：**10インチ**

南部風ビスケット

［材料］
セルフライジングフラワー*2……2カップ
ショートニング……1/4カップ
バターミルク（P71参照）……2/3～3/4カップ
油……適量

［作り方］
1　ダッチオーヴンを熱しておく。ダッチオーヴン用の天板に薄く油を塗っておく。
2　大きめのボウルにセルフライジングフワラーを入れ、ショートニングを2本のナイフで切り込むようにして混ぜ込む。このとき、ナイフを持った両手を並行に保ち、左右に動かすとよい。
3　ポロポロとした生地がグリーンピースほどの大きさになったら、バターミルクを少しずつ加えながら、フォークを使って混ぜる。生地がボウルから取り出せるくらいの固さが目安。バターミルクを入れすぎて、生地をベタつかせないこと。
4　少量の打ち粉（分量外）を振った台にのせ、2～3度こねたら、麺棒で3cmほどの厚さに伸ばす。打ち粉を振ったビスケット型で抜いていく。
5　4を1の天板に少しくっつけた状態で並べる。
6　天板をダッチオーヴンに入れ、黄金色になるまで蓋をして焼く。

カントリーグレーヴィー

［材料］
カントリーグレーヴィーミックス……1袋
水……2カップ

［作り方］
1　1と1/2カップの水を沸騰させる。
2　カントリーグレーヴィーミックスを、残りの1/2カップの水でムラがないようによく混ぜる。
3　2を1に入れ、泡立て器で手早く、とろみがつくまで、しっかりと混ぜる。
4　南部風ビスケットにのせる。

［訳者注］
*1　カントリーグレーヴィーミックス
米国で市販されているソースミックス。他社のグレーヴィーミックスや好みのジャムなどで代用を。
*2　セルフライジングフラワー
ベーキングパウダーと塩を混ぜてある市販の小麦粉。日本では中力粉1カップ、ベーキングパウダー小さじ1 1/2、塩小さじ1/4を混ぜる。

COUNTRY DUTCH CORNBREAD
カントリー・ダッチ・コーンブレッド

私はコーンブレッドが大好きで、おいしくないコーンブレッドは、焦げついたものだけ、とつねづね言ってきた。だが、いざ、自分でダッチオーヴンを使ってコーンブレッドを焼いてみると、始めの頃は、焦がしてばかりいた。温度計がついていないダッチーヴンの料理は、火加減や加熱時間のコツをつかむことが大切だ。これまで、たくさんのレシピを試してきたが、ダッチオーヴンには、この作り方が一番合っていると思っている。

しかも、ベーシックなコーンブレッドミックスは、アイデア次第でいろいろな料理が作れる。私は長年、ダッチオーヴンを使ったコーンブレッド料理全国大会の審査員を務めてきたが、それはそれは驚くような料理が作り出されるのを目の当たりにしてきた。このレシピは、そんなコーンブレッドのアイデア料理を作りたい初心者にも最適だと思う。

 8人分　ダッチオーヴンのサイズ：**12インチ**

[材料]
セルフライジング・バターミルク・コーンミールミックス*1……2カップ
牛乳……1/3カップ
油、または溶かしたショートニング……1/4カップ
溶き卵……1個分
塩……少々
油……適量

[作り方]
1 ダッチオーヴンを熱しておく。ダッチオーヴン用の天板に油を塗っておく。
2 ボウルにすべての材料を入れ、よく混ぜ、天板にのせる。
3 1のダッチオーヴンにケーキラックを入れ、その上に2をのせる。
4 黄金色になるまで、蓋をして焼く。

[訳者注]
*1　セルフライジング・バターミルク・コーンミールミックス
米国で市販されているコーンミールミックス。日本では、強力粉、コーンミール、ベーキングパウダーなど別々に使うコーンミールブレッドの作り方を参照して欲しい。

第**9**章　ダッチオーヴンで作るイージーブレッド

SOUR DOUGH BISCUITS
サワードウ・ビスケット

ダッチオーヴンとサワードウ・ビスケットは、切っても切れない縁がある。西部開拓時代は、ダッチオーヴンといえばサワードウ・ビスケットを作る道具だった。当時の炭鉱夫や入植者、猟師たちは、必ずダッチオーヴンとサワードウの発酵種を持ち歩いていた。今でもそれは変わらないだろう。

19世紀末から20世紀初頭、アラスカで働いていた炭鉱夫や牛を駅に向かって追っていたカウボーイたちが食べていた味が、今のサワードウ・ブレッドよりも劣っていたとは思えない。それくらい基本的なレシピが変わらないパンだ。

サワードウの発酵種は、陶器の壺やガラス容器などに入れておけば、冷蔵庫での保存も可能だ。また、パンケーキやマフィン、ケーキを作るのにも使える。

ここで紹介するレシピは、ずいぶん前にアラスカ大学のコミュニティー教育課で見つけたものだ。

サワードウ・ビスケットは、冷めると硬くなりやすい。温かいうちにテーブルに出すか、冷めてしまったら、温め直すといい。余ったサワードウ・ビスケットは、ブレッドプディングに使うのがおすすめだ。

6~8人分 ダッチオーヴンのサイズ：**10インチ**

サワードウの発酵種

［材料］
小麦粉……2カップ
湯……2カップ
ドライイースト……1袋（約10g）

［作り方］
1 ボウルにすべての材料を入れて混ぜる。
2 ボウルを暖かい場所で一晩、寝かせ、発酵させる。
3 翌朝、できた発酵種の1/2カップを次回用に熱湯消毒した清潔な蓋付き容器に入れ、冷蔵庫で保存する。保存容器は500mlサイズぐらいがよい。残りの発酵種をサワードウ・ビスケットに使う。

サワードウ・ビスケット

［材料］
サワードウの発酵種……2カップ
小麦粉（ふるいにかけたもの）……2カップ
ショートニング……大さじ2
ベーキングパウダー……小さじ2
砂糖……大さじ1
塩……小さじ1/2
バター……60g

［作り方］
1 ダッチオーヴンは熱しておく。ダッチオーヴン用の天板に油を塗っておく。
2 小麦粉を大きめのボウルに入れ、真ん中に大きな凹みを作る。
3 凹んだ部分にサワードウの発酵種を入れる。
4 ベーキングパウダー、砂糖、塩を混ぜ込み、最後にショートニングを切り込むようにして混ぜ入れる。
5 生地がひとかたまりになるまでこねる。天板に生地をくっつけて並べる。生地の表面に溶かしたバターをハケで塗る。
6 天板をラップで軽くおおい、暖かい場所に10分ほどおいて発酵させる。
7 ダッチオーヴンに入れ、黄金色になるまで焼く。

APPLESAUCE BREAD
アップルソース・ブレッド

パンはシンプルなのが一番だ。アップルソース・ブレッドも作り方が簡単で、キャンプでもガーデンパーティーでもおいしく焼ける。キャンプやピクニックに備えて、前もって焼いて冷凍しておくのもいい。

 4人分　ダッチオーヴンのサイズ：**10インチ**

[材料]
牛乳……1/2カップ
小麦粉……2カップ
ドライイースト……1袋（約10g）
アップルソース*1……1/4カップ

[作り方]
1　ダッチオーヴンを熱し、ダッチオーヴン用の天板には薄く油を塗っておく。
2　牛乳を人肌程度に温め、ボウルに入れる。小麦粉、ドライイースト、アップルソースを加え、混ぜ合わせる。
3　ボウルにラップをかけ、暖かい場所で30分ほど寝かせて発酵させる。
4　ふくらんだ生地をパウンドケーキ型に整える。
5　4を天板にのせ、ダッチオーヴンに入れる。
6　黄金色になるまで焼く。

[訳者注]
*1　アップルソース
煮たりんごをすりおろし、砂糖を加えたもの。ベビーフードの裏ごしアップルで代用可。

メインディッシュをサイドディッシュと同時に調理している。場所は、ニューメキシコのハンティングキャンプ場だ

CHAPTER 10
MAIN DISHES
メインディッシュ

ダッチオーヴンの料理人にはお気に入りの得意料理が1つや2つ、必ずあるものだ。
私の場合は、それがたくさんある。まず魚は、ダッチオーヴンで料理するのが一番おいしいと思う。
野生の肉などは、ダッチオーヴンとの相性が最高だ。
鶏肉はいろいろなダッチオーヴン料理に使えるので、初心者でも扱いやすい。

私は、鍋1つで作れる料理が好きだ。鍋を1つしか持っていないダッチオーヴン初心者には、私のレシピはぴったりだと思う。いくつかの料理は、メインディッシュとサイドディッシュを組み合わせるごちそう用のメニューだが、ダッチオーヴンを積み重ねて一緒に加熱するテクニックを使っている。

スープやシチュー、チリは、一般的にサイドディッシュとして扱われるが、この章で紹介する「ブランズウィック・シチュー」や「サンタフェ・スープ」「チリ・コン・カーン」、そして私の大好物「サラのビーフシチュー」は、キャンプやバックヤードの集まりなら、十分にメインディッシュになる。

野鳥のハンターには、水鳥や山鳥の料理に「ビッグ・ウッズ・チキン」のレシピが役立つと思う。ハンティングをしない人は、普通にスーパーなどで売っている鶏肉を使って欲しい。コーニッシュ・ゲーム・ヘン*1が好きなら、ひな鶏肉にぴったりのレシピも紹介している。

牛肉や豚肉が好きなら、「ロングハンター・ミートローフ」や「ルーベン・キャセロール」、「豚肉と野菜のダッチオーヴン蒸し」「テンダーロースト」が気に入るだろう。どれも簡単で、ダッチオーヴン料理の初心者でも失敗することはないと思う。

油で焼いた魚に飽き飽きしていたら、「フレンチ・ベイクド・サーモン」や「ノースロップ風オヒョウ・ステーキ」に挑戦してみて欲しい。油で炒める必要がない上に、とても簡単だ。

ビーンホール（第6章参照）が家にある人は、「ビーンホール・ポットロースト&野菜」が役立つと思う。早朝に仕込んでおけば、夕食どきには見事にできあがっている。

「山男の朝食」は、昔からあるレシピで、多くのダッチオーヴン・シェフたちのお気に入りだ。ダッチオーヴン1個で作る朝食として知られているが、私は何度か夕食で出してみたところ、毎回、大好評だった。

[訳者注]
＊1　コーニッシュ・ゲーム・ヘン
生後1～2カ月のひな鶏肉のこと。ハンティングして獲ったような野性味があることから、英語で狩猟肉を意味する「game」の名前がつけられた。
骨からの身離れがよく、やわらかでジューシーな肉質が特徴。日本でも米国の食肉を扱う輸入食材店やインターネット通販などで手に入る。

BRUNSWICK STEW
ブランズウィック・シチュー

私の好きなブランズウィック・シチューのレシピは、200年ほど前のものだと言われる。誕生したきっかけは、クリード・ハスキンズ医師が、バージニア州ブランズウィックで、このダッチオーヴン料理を調理したのが始まりと記録されている。その後、闘鶏大会やライフル競技会、政治的集会などで、必ず作られてきたのだという。
18世紀に書かれた日記には、アメリカ独立戦争の立役者であるパトリック・ヘンリーやアレキサンダー・ハミルトンなどといった歴史的人物が、コールド・スプリング・クラブやシティー・タバーンなどのレストランで食したと書かれている。
オリジナルレシピには灰色リス2匹が材料に含まれているが、「リスは嫌い」という人が多かったことから、私のレシピでは、七面鳥肉に変えている。もちろん、鶏肉でもおいしく作れる。

 8人分　ダッチオーヴンのサイズ：12インチ

［材料］
調理済の七面鳥（適当な大きさに裂く）*1……3カップ
水……4カップ
ジャガイモ（角切り）……2個分
玉ねぎ（角切り）……1個分
コーン缶……1缶
リマビーンズ*2……1カップ
塩……小さじ1と1/2
こしょう……小さじ1/2
トマトの水煮缶……1缶
砂糖……小さじ1
バター……1/4カップ
ターメリック……小さじ1/2
酢……1/4カップ
ホットソース（タバスコなど）……小さじ1/2

［作り方］
1　ダッチオーヴンに七面鳥、水、ジャガイモ、玉ねぎ、コーン、リマビーンズ、塩、こしょうを入れる。
2　30分、加熱する。
3　トマト、砂糖、バター、ターメリック、酢、ホットソースを加える。
4　全ての材料によく火が通るまで、弱火でじっくり煮込む。

NOTE
できあがったらすぐに取り出し、ダッチオーヴンを洗い流す。

［訳者注］
*1　調理済の七面鳥
ローストした柔らかい七面鳥のこと。鶏肉を焼いて使ってもよい。
*2　リマビーンズ
ライマメ、ライマ豆、リマビーンズとも呼ばれる。日本では好みの豆の水煮でOK。

第10章　メインディッシュ　85

SANTA FE SOUP
サンタフェ・スープ

寒い日にぴったりの体が温まるスープだ。テイター・ノブ・ホーケーキ (P71) やカントリー・ダッチ・コーンブレッド (P77) などと合わせれば、素敵な夕食になる。

 12人分 ダッチオーヴンのサイズ：**12インチ深型**
調理道具：**深さ7〜8cmのインナー鍋、スキレット**

［材料］
七面鳥のひき肉、または牛ひき肉……900g
玉ねぎ (角切り)……1個分
ランチドレッシング・ミックス*1……2袋
タコス用スパイスミックス……2袋
水……2カップ
キドニービーンズ缶……1缶 (16オンス・約450g)
ピントビーンズ (うずら豆) 缶……1缶 (16オンス・約450g)
ブラックビーンズ (黒いんげん豆) 缶……1缶 (16オンス・約450g)
ホワイト・シューペグ・コーン (冷凍) *2……1袋
グリーンチリ入りカットトマト缶*3……1缶
油……適量

［作り方］
1 スキレットに油をひいて熱し、肉に焼き色がつくまで炒め、玉ねぎを加えて、さらに5分炒める。
2 インナー鍋に、1を移し入れる。
3 ランチドレッシングのミックスとタコスのスパイスミックスを加えて混ぜる。
4 水を加える。
5 豆類、トマト缶、ホワイトコーンを加える。
6 インナー鍋をダッチオーヴンに入れ、わずかに煮立つ程度の火力で、よく火が通るまで煮る。

NOTE
かなりの量のスープができるが、冷蔵庫で1週間、保存できる。冷凍も可能だ。スープとして食べるだけでなく、トルティアチップスとサルサ、サワークリームの上にかけるソースとしても使える。ソースにする場合は、水の分量を控えめにするとよい。

［訳者注］
*1 ランチドレッシング・ミックス
米国で人気のランチドレッシング用のミックスパウダー。バターミルクランチドレッシングなどで代用を。
*2 ホワイト・シューペグ・コーン
ホワイトスイートコーンの一種。ホワイトコーンで代用可。1袋の目安は約500g。
*3 グリーンチリ入りカットトマト缶
カットトマト缶と青唐辛子で代用するとよい。

第10章　メインディッシュ

ZESTY SURPRISE CHILI
チリ・コン・カーン

毎年、米国のあちこちでチリ料理競技大会が開かれ、おいしいチリのレシピが次々と出てくる。このレシピは、私の友人からもらいうけたもの。ダッチオーヴンにとても合ったレシピだ。

 6人分　ダッチオーヴンのサイズ：12インチ

［材料］
ニルガイ*1 のひき肉（良質のひき肉であればよい）……450g
玉ねぎ（粗みじん切り）……1個分
ピーマン*2（粗みじん切り）……1個分
チリ用スパイスミックス……1袋
デルモント社のハラペーニョ入りプチトマト缶*3……1缶
デルモンテ社のバジル、ニンニク、オレガノ入りカットトマト缶*4……2缶
チリパウダー……大さじ1
キドニービーンズ（水気をきる）……2缶
マッシュルーム缶……1缶
油……大さじ1

［作り方］
1　油を熱したダッチオーヴンで、ひき肉を焼き色がつくまで炒める。
2　玉ねぎとピーマンを加え、しんなりするまで炒める。
3　チリ用スパイスミックス、トマト、チリパウダーを加え、よく混ぜ合わせる。
3　キドニービーンズを加える。
5　マッシュルームを加える。
6　味がよくなじむまで、時々、混ぜながら煮込む。

NOTE
できあがったら、ダッチオーヴンをすぐに洗い流す。

［訳者注］
*1　ニルガイ
ウシ科のアンテロープのこと。レイヨウとも呼ぶ。
*2　ピーマン
米国のピーマンはサイズが大きいので、日本で作る場合は、2〜3個用意するとよい。
*3　デルモント社のハラペーニョ入りプチトマト缶
生のプチトマトとハラペーニョ（または青唐辛子）で代用できる。
*4　デルモンテ社のバジル、ニンニク、オレガノ入りカットトマト缶
カットトマト缶、バジル、オレガノ、ニンニクで代用できる。

BIG WOODS CHICKEN
ビッグ・ウッズ・チキン

私が初めてビッグ・ウッズ・チキンを作ったときは、ノースダコタ州でスノーグースを使った。メイン州でエリマキライチョウを使って同じように調理してみたところ、とてもおいしくできた。さらに、鶏肉でもチャレンジしてみたら、これまたとてもおいしかった。ビッグ・ウッズ・チキンは、肉の種類を選ばない応用範囲の広いレシピだ。狩猟の鳥肉が手に入るなら、ぜひ挑戦してみて欲しいが、なければ買ってきた鶏肉でももちろんOKだ。

4人分　ダッチオーヴンのサイズ：**12インチ深型**
調理道具：**深さ7～8cmのインナー鍋**

［材料］

小さめのロースト用チキン……1羽
スイートオニオン*1（角切り）……1/2カップ
赤ワイン……1/2カップ
クリームマッシュルームスープ……1/2カップ
クリームオニオンスープ*2……1/2カップ
クリームチキンスープ……1/2カップ
マッシュルーム（角切り）……1/2カップ
油……適量

［作り方］

1　油を熱したダッチオーヴンでスイートオニオンを炒める。
2　1と赤ワイン、スープ類、マッシュルームをボウルで混ぜ合わせる。
3　インナー鍋にチキンを置き、その上から2をかける。
4　ダッチオーヴンに入れて蓋をして加熱する。
5　チキンの中心部を料理用温度計で測り、165度まで上がっていればできあがり。

NOTE
ビッグ・ウッズ・チキンは、ライスともよく合う。ソースをチキンとライスの間にかけるようにして盛り付けるのがおすすめだ。

［訳者注］
*1　スイートオニオン
米国でサラダなどによく使われる玉ねぎの一種。一般的な日本産より辛味が少なくまろやか。日本の玉ねぎを使う場合は水でさらして辛味を抜くとよい。
*2　クリームオニオンスープ
日本では缶入りが入手しにくいので、粉末タイプをお湯に溶かして使うとよい。

第10章　メインディッシュ

FRENCH BAKED SALMON
フレンチ・ベイクド・サーモン

私は、サーモンを釣るのも食べるのも大好きだ。ある年の秋、サーモンが上がることで有名なニューヨーク州の川で釣りをしたときに、ダッチオーヴン料理家のケン・フレンチがこのレシピを教えてくれた。表面をおおう焼いたマヨネーズがサーモンのうまみを閉じ込めてくれる。この1品でダッチオーヴン料理に夢中になることは間違いなしだ。

2人分　ダッチオーヴンのサイズ：**10インチ**
調理道具：**直径22〜23cmのケーキ型、ケーキラック、トリベット**

［材料］
厚切りのサーモン……2枚（合わせて450g）
マヨネーズ……1/4カップ
シーズンオールのシーズニングミックス*1……小さじ1/2
キャベンダーズグリークのシーズニングスパイス*2……小さじ1

［作り方］
1　サーモンの片面にマヨネーズを塗る。
2　2つのスパイスをボウルで混ぜ合わせ、1にふりかける。
3　ケーキ型の中にケーキラックを入れ、その上にサーモンを置く。
4　トリベットをダッチオーヴンの底に置き、その上にケーキ型をのせる。
5　ダッチオーヴンの蓋をして、マヨネーズの部分に黄金色の焼き色がつくまで熱する。

［訳者注］
*1　シーズンオールのシーズニングミックス
モートン社のスパイス入り塩。パプリカ、こしょう、玉ねぎ、ガーリック、チリなどが入っている。
*2　キャベンダーズグリークのシーズニングスパイス
塩、こしょう、コーンスターチ、ガーリック、オレガノなどが入ったスパイスミックス。
*1、*2ともにガーリック入りマジックソルトやイタリアンスパイスミックスなどを使うとよい。

LONG HUNTER MEATLOAF
ロングハンター・ミートローフ

このミートローフのレシピは、脂身の少ないひき肉を使えば、肉の種類にはこだわらなくていい。私が好きなのは、シカやヘラジカ、トナカイなどだが、牛肉でもおいしい。ロープ型を使ってダッチオーヴンで熱すると、後始末も簡単だ。

 4～5人分　ダッチオーヴンのサイズ：**12インチ**
調理道具：ダッチオーヴンに入るサイズのテフロン加工か鋳物製のロープ型、ケーキラック

[材料]
- ひき肉……675g
- 乾燥パン粉……2/3カップ
- 牛乳……1カップ
- 溶き卵……2個分
- 玉ねぎ（粗くおろす）……1/4カップ
- 塩……小さじ1
- こしょう……少々
- セージ……小さじ1/2
- タイム……小さじ1/2
- ローズマリー……小さじ1/2
- トッピング用のケチャップ、または好みのソース

[作り方]
1. 大きめのボウルにパン粉と牛乳を入れ、パン粉に牛乳を吸わせる。
2. 1のボウルにひき肉、溶き卵、玉ねぎ、塩、こしょう、セージ、タイム、ローズマリーを加え、よく混ぜ合わせる。
3. 四角いローフ型にまとめ、ローフ型に入れる。
4. 表面にケチャップ、または好みのソースをまんべんなく塗る。
5. ダッチオーヴンの底にケーキラックを置き、その上にローフ型を置き、蓋をして熱する。
6. 料理用温度計を中心部に刺して、70度になっていればできあがり。

REUBEN CASSEROLE WITH CORNBREAD
コーンブレッド入りルーベン・キャセロール

数年前まで毎年、ピッツバーグで開かれる全国コーンブレッド大会の審査員を務める光栄に預かった。大会は接戦で、決勝戦に残った参加者は、どれも素晴らしいコーンブレッド料理を持ち込んでいた。私たち審査員も悩ましかったが、ジャニス・カーヴァー女史のルーベン・キャセロールを口にして、初めて納得して勝者を決めることができた。どの審査員も、こんなにおいしいコーンブレッド・キャセロールは食べたことがなかった。もちろん、彼女は見事に優勝した。このレシピは、カーヴァー女史のレシピをダッチオーヴン用にアレンジしたものだ。

6人分　ダッチオーヴンのサイズ：**14インチ深型**
調理道具：**直径約25cm、深さ7〜8cmのダッチオーヴン用アルミ鍋**

［材料］

＜フィリング＞

ザワークラウト 10オンス（約283g）缶……2個
トマト（中サイズ 薄切り）……2個分
サウザンドアイランド・ドレッシング……1/3カップ
薄切り黒オリーブ 2.25オンス（約64g）缶……1缶
コーンビーフ（細かく裂く）……170g
スイスチーズ（粗くおろす）……1と1/2カップ

＜コーンブレッド＞

卵（大きめのもの）……1個
バターミルク（P71参照）……1カップ
牛乳……1/3カップ
油……大さじ3
セルフライジングのホワイトコーンミールミックス*1……1カップ
セルフライジングフラワー（P75参照）……1/3カップ
砂糖……大さじ1

＜マスタードソース（好みで）＞

マヨネーズ……1/2カップ
マスタード……1/2カップ
玉ねぎ（みじん切り）……小さじ1

［作り方］

1　ダッチオーヴンを熱しておく。
2　ダッチオーヴン用アルミ鍋に、ザワークラウト、トマト、ドレッシング、オリーブ、コーンビーフを順番に層にして敷き詰める。最後にチーズを振りかける。
3　コーンブレッドの生地を作る。ボウルに卵を溶き、バターミルク、牛乳、油を入れて泡立て器でよく混ぜる。ホワイトコーンミールミックス、セルフライジングフラワー、砂糖を加え、なめらかになるまで混ぜ合わせる。2のアルミ鍋に加え、表面をならす。
4　アルミ鍋をダッチオーヴンに入れて蓋をして、上部が黄金色に焼けるまで加熱する。
5　マスタードソースを作る。ボウルにマヨネーズ、マスタード、玉ねぎを入れて、よく混ぜる。
6　焼きあがったキャセロールに放射線状に切り込みを入れ、その間にマスタードソースを流し込み、皿に盛り付ける。

［訳者注］
*1　セルフライジングのホワイトコーンミールミックス
コーンミール3/4カップ強、ベーキングパウダー大さじ1、塩を小さじ1/2混ぜると代用になる。

第10章　メインディッシュ

NORTHROP HALIBUT STEAKS
ノースロップ風オヒョウ・ステーキ

メドリックとダイアン・ノースロップ夫妻は私のよき友人で、長い間、アラスカに住んでいた。毎年、彼らは沖釣りに出かけ、オヒョウを釣ってきた。メドリックは、私が知るなかでも、最高に腕のいいダッチオーヴン・シェフなので、おいしいオヒョウ・ステーキの焼き方を教えて欲しいと頼みこみ、教えてもらったのが、このレシピだ。彼が保証したとおり、じつにうまいステーキが焼ける。

 4〜5人分　ダッチオーヴンのサイズ：**10インチ**

[材料]
オヒョウ*1の切り身……675g
玉ねぎ（薄切り・好みで）……1個分
小麦粉……1/2カップ
コーンミール……1/2カップ
スパイス類
　　ローズマリー……小さじ1/2
　　ガーリックソルト……小さじ1/2
　　黒こしょう……小さじ1/2
　　マスタード……小さじ1/2
牛乳……1/2カップ
バター……60g
パプリカ……適量
チャイヴまたは青ネギ（刻む）……適量
パルメザンチーズ（おろす）……227g
油……適量
くし型に切ったレモン……適量

[作り方]
1　ケーキ型、またはダッチオーヴンの側面と底に油を塗る。
2　ボウルに小麦粉、コーンミール、スパイス類を入れて混ぜる。
3　ダッチオーヴンの底全体を満たすくらいの大きさに切ったオヒョウを牛乳に浸し、2の粉を全体にまぶす。
4　皮目を下にしてオヒョウをダッチオーヴンの底に敷き詰める。
5　玉ねぎをまんべんなく重ね、バターをちぎりながら、全体にのせる。
6　パプリカとチャイヴ、または青ネギを振りかける。
7　パルメザンチーズを全面に振りかける。
8　蓋をして加熱し、表面が黄金色になったらできあがり。オヒョウの身が簡単に崩れるくらい火を通す。
9　皿に盛りつけ、レモンを添える。

[訳者注]
*1　オヒョウ
カレイ科の海水魚。フィレなどが日本のスーパーに並ぶこともある。好みの白身魚で代用可。

PORK & WHITE VEGETABLES
豚肉と野菜のダッチオーヴン蒸し

ドイツが本場のレシピだが、鍋1つでできる料理の代表格でもある。

 6人分　ダッチオーヴンのサイズ：12インチ

[材料]
- 玉ねぎ（薄切り）……3カップ
- ジャガイモ（薄切り）……3カップ
- キャベツ（細切り）……3カップ
- 塩、こしょう……各適量
- ザワークラウト缶（水気をきる）……1缶分
- ポークソーセージ（焼いておく）……5本

[作り方]
1 玉ねぎをダッチオーヴンの底に敷き詰める。
2 ジャガイモをまんべんなく重ねる。
3 さらにキャベツをまんべんなく重ねる。
4 塩、こしょうをふる。
5 ザワークラウトをまんべんなく重ねる。
6 ソーセージをのせる。
7 蓋をして、ジャガイモが柔らかくなるまで加熱する。

第10章　メインディッシュ　101

TENDER ROAST
テンダーロースト

私がこのレシピを見つけたのは、ハンティングロッジを経営していた頃だ。「鹿肉のローストは硬くてまずい」という意見をよく聞いていたので、ダッチオーヴンを使って、いろいろなレシピを試している間に、このレシピにめぐりあった。鹿肉でも牛肉でも、どんな硬いロースト用の肉も、「テンダー」の名前通り、柔らかくしてしまうレシピだ。

4〜5人分　ダッチオーヴンのサイズ：**10インチ深型**
調理道具：**トリベット**

[材料]
鹿肉、または牛肉のロースト用肉（モモやリブロースなど）……1800g
熱湯……1カップ
オニオンスープミックス……1袋
ウスターソース……大さじ1

[作り方]
1　ダッチオーヴンにトリベットを入れ、その上に肉を置く。
2　オニオンスープミックスを少量の湯で溶かし、どろっとしたペースト状にする。
3　2をハケで肉に塗る。
4　3にウスターソースを振りかける。
5　ダッチオーヴンに1カップの熱湯を入れる。
6　蓋をして、肉に料理用温度計を刺して、中心部が63度になるまで熱する。
7　できあがったら、すぐにローストを取り出し、温かいうちにテーブルに出す。

SARA'S BEEF STEW
サラのビーフシチュー

サラのビーフシチューは、ダッチオーヴンを焚いた火の上にかけて鍋として使うときのいいレッスンになる。ダッチオーヴンは、三脚から吊るしてキャンプファイヤーの火にかけてもいいし、暖炉のグリルの上に直接、のせてもいいだろう。サラのビーフシチューは、私の大好物の1つでもある。レシピを考案したサラ・グレーヴスは、野外ダッチオーヴン料理の達人であるロジャー・グレーヴスの奥方だ。他のシチューのレシピと違うのは、材料を鍋の水に順番に放り込むだけ、という簡単さだ。このレシピでは、うまみを増すために、少しだけ工夫を加えている。

6〜8人分　ダッチオーヴンのサイズ：**12インチ深型**
調理道具：**スキレット**

[材料]
牛もも肉（2.5cm角に切る）……1035g
ビーフシチューミックス*1……1袋
油……大さじ2
小麦粉……3カップ
ビーフシチューシーズニング*2……1袋
ブラウングレーヴィーミックス……1袋
ジャガイモ（角切り）……6個分
ニンジン（皮をむき、乱切り）……1カップ

[作り方]
1　2.8リットル（分量外）の水をダッチオーヴンに入れ、強目の中火にかける。
2　ビーフシチューミックスを2カップの湯（分量外）で溶き、ダッチオーヴンに加える。
3　スキレットに油を入れて中火にかける。牛肉に小麦粉をまぶし、熱くなったスキレットに入れ、全面に焼き色がつくまで炒める。
4　3を2に加えて混ぜ、蓋をして弱火で煮る。焦げないように20〜30分ごとにかき混ぜながら、2時間、加熱する。
5　肉を煮ている間、ビーフシチューシーズニングを2カップの湯（分量外）で溶き、ダッチオーヴンに加えて混ぜる。
6　グレーヴィーミックスを2カップの湯（分量外）で溶き、ダッチオーヴンに加えて混ぜる。
7　シチューを煮込む間に、ジャガイモとニンジンの皮をむいて切る。二つの鍋に湯を沸かし、野菜を別々にゆで、フォークがすっと入るくらいの柔らかさまで煮る。別々にゆでることで、野菜がより柔らかくゆでられる。
8　7を6に加えて混ぜる。

NOTE
2種類のシチューミックスを、それぞれ1種類で試してみたが、どちらにもうまみの特色はあるのだが、味が少し物足りなかった。そこで、2種類を合わせてみたら、ちょうど好みの味になった。グレーヴィーミックスを加えることによって、さらにコクが増す。

[訳者注]
*1　ビーフシチューミックス
米国で使われているミックスパウダー。小麦粉、オニオンパウダー、ガーリックパウダー、パプリカ、カイエンペッパー、塩、こしょうなどを加えて、好みの味に。
*2　ビーフシチューシーズニング
日本では顆粒のシチューミックスにパプリカやタイム、黒こしょうなど、好みのスパイスを加えて作るとよい。

CORNISH GAME HENS
ひな鶏のロースト

じつに簡単でおいしいメインディッシュ料理だ。焼きリンゴと一緒に出せば、誰もが喜ぶごちそうになる。

4人分　ダッチオーヴンのサイズ：12インチ
調理道具：直径22～23cmの深めのケーキ型、ケーキラック

ひな鶏のロースト

［材料］
メスひな鶏（コーニッシュ・ゲーム・ヘン　P83参照）……4羽
塩、こしょう……各少々
溶かしバター……60g
オレンジジュース……1/4カップ
はちみつ……1/4カップ

［作り方］
1　ダッチオーヴンを熱しておく。
2　ケーキ型にケーキラックを入れ、その上にひな鶏を並べる。
3　ひな鶏に、塩、こしょうを振る。
4　ボウルに溶かしバター、オレンジジュース、はちみつを入れて混ぜ、スプーンで鶏の上にまわしかける。
5　ケーキ型をダッチオーヴンに入れ、蓋をして熱する。料理用温度計を中心部に刺して74度になるまで焼く。鶏にナイフを刺し、透き通った肉汁が出たら、火が通っている。
6　焼いている間、15分おきに肉汁を鶏の上にかけるとよい。

ひな鶏のローストに合うフルーツソース

［材料］
オレンジジュース……1/2カップ
はちみつ……大さじ2
リンゴ酢……小さじ1/2
コーンスターチ……大さじ1
冷水……大さじ1

［作り方］
1　小さめの鍋にオレンジジュース、はちみつ、リンゴ酢を入れて混ぜる。ボウルにコーンスターチと冷水をよく混ぜ合わせ、鍋に加えてよく混ぜる。
2　1を火にかけて沸騰させ、1分ほど、とろみがつくまで混ぜながら熱する。
3　ひな鶏のローストにかける。

NOTE
ひな鶏のローストは、ブラウンライス（玄米）と相性がいい。ライスの上に豪快に盛り付けよう。

［訳者注］
肉汁をかけるとき、米国の家庭では「ベースター」という大きなスポイトを使う。肉を動かさずに、肉汁を取り出すことができる。

MOUNTAIN MAN BREAKFAST
山男の朝食

キャンプファイヤーを囲む米国人たちが大好きなメニューだ。
鍋1つでできる朝食やランチとしても喜ばれ、南部風ビスケットや
カントリーグレーヴィー（P75）を添えれば、立派な夕食にもなる。

 4人分　ダッチオーヴンのサイズ：**10インチ**

［材料］
カントリーソーセージ*1……450g
ハッシュドブラウンポテト（冷凍）……450g
卵……4個
シャープチェダーチーズ（おろす）*2……1カップ

［作り方］
1　熱したダッチオーヴンにソーセージを入れ、フォークなどで崩しながら炒める。
2　ソーセージをキッチンペーパーの上にいったん取り出し、油をきる。
3　ダッチオーヴンに残ったソーセージの油で、ハッシュドブラウンポテトを崩しながら色よく炒める。
4　ハッシュドブラウンポテトの上にソーセージを戻す。
5　溶き卵に水1/8カップ（分量外）を混ぜ、4に回しかける。
6　シャープチェダーチーズを全体にのせる。
7　蓋をして、卵に火が通るまで加熱する。

［訳者注］
*1　カントリーソーセージ
米国では皮に腸詰めされていない塩や香辛料入りのソーセージ肉が市販されている。日本ではハーブや黒こしょう入りのソーセージをほぐして使うとよい。
*2　シャープチェダーチーズ
6～9カ月熟成させたチーズのこと。日本ではシュレッドチーズなど好みのチーズを使うとよい。

BEAN HOLE POT ROAST AND VEGGIES
ビーンホール・ポットロースト&野菜

電気調理器具のスロークッカーがないからといって、低温で1日中加熱する料理をあきらめることはない。地面にビーンホール（第6章参照）を作ればよいのだ。もともとは、ビーンホールがスロークッカーだったのだ。ハンティングや釣り、トレッキングで1日を過ごしたあと、温かいポットローストが食べたいと思ったら、ビーンホールを使ってダッチオーヴン料理を仕込んでおくのが一番だ。

まず、掘り起こしたビーンホールに火を入れ、1時間ほど火を焚いたままにする。その間にこのレシピを使って、夕食を用意すればいい。ダッチオーヴンをビーンホールに入れ、灰をのせてビーンホールを閉じる。8〜10時間後には、おいしい夕食が待っているという具合だ。

4人分　ダッチオーヴンのサイズ：**12インチ深型**
　　　　調理道具：**トリベット**

[材料]
牛塊肉（肩肉）……1800g
塩、こしょう……各少々
オニオンスープミックス……1袋
スイートオニオン（P91参照　四つ割りに切る）……3個
ジャガイモ（皮をむき、2.5cm角に切る）……3個
ベビーキャロット*1……2カップ
ビーフストック*2……1カップ
水……1カップ

[作り方]
1　牛塊肉に塩、こしょうを振り、ダッチオーヴンに入れたトリベットの上に置く。
2　オニオンスープミックスを振りかける。
3　玉ねぎ、ジャガイモ、ベビーキャロットを加える。
4　ビーフストックと水を加える。
5　アルミホイルをふんわりとかける。この上に蓋をするので、ぴったりかけると穴が開く心配がある。
6　アルミホイルの上から、しっかりと蓋をする。
7　ダッチオーヴンをビーンホールに沈め、熱い灰を蓋の上にかける。
8　ビーンホールの蓋を閉め、土をかける。
9　8〜10時間後に取り出すと、ちょうどいい具合にできあがる。

[訳者注]
*1　ベビーキャロット
米国でよく使われるミニサイズのニンジン。皮をむいて洗ってから包装されている。日本では普通のにんじんの皮をむき、小さめに切って代用するとよい。
*2　ビーフストック
ビーフコンソメの素をパッケージに表示された分量の湯で溶くとよい。

第10章　メインディッシュ　111

BASE CAMP ONE-POT CHICKEN DINNER
ベースキャンプで作るワンポット鶏肉料理

大人数の料理を作らなければならないとき、ダッチオーヴンででき
る鶏肉料理はとても便利だ。キャンプで作ったら、きっと食べた誰
もが、このレシピを欲しがるだろう。

10~12人分　ダッチオーヴンのサイズ：**14インチ深型**
調理道具：**スキレット**

[材料]

鶏胸肉 (角切り) ……2250g

玉ねぎ (中サイズ 粗みじん切り) ……2個

ピーマン (特大 粗みじん切り) *1……2～3個

大きめのイエロー・スクワッシュ*2 (角切り) ……1本

エンチラーダ・ソース缶 (19オンス・538g) *3……1缶

コーントルティア (小さめ) ……25枚

シャープチェダーチーズ (粗くおろす P109参照) ……900g

うずら豆缶 (16オンス・約453g) ……1缶

ホールコーン缶 (16オンス・約453g) ……1缶

ジフィのコーンマフィンミックス*4……3箱

卵……3個

牛乳……1カップ

油……適量

[作り方]

1　スキレットに油を入れて熱し、鶏胸肉、玉ねぎ、ピーマン、イエロースクワッシュを炒める。

2　ダッチオーヴンに、エンチラーダ・ソース、コーントルティア、シャープチェダーチーズ、うずら豆、ホールコーン、1を順番に重ねていく。

3　コーンブレッドミックスを、箱に記載されている手順で混ぜ合わせ、2の上にまんべんなくかける。

4　蓋をしてコーンブレッドが黄金色に焼きあがるまで加熱する。

[訳者注]

＊1　特大ピーマン
米国のピーマンは大きめなので、日本のピーマンの場合は、4～6個使う。

＊2　イエロー・スクワッシュ
かぼちゃ属の野菜。日本ではズッキーニで代用するとよい。

＊3　エンチラーダ・ソース缶
トウモロコシのトルティアに使う唐辛子のソース。日本では「タコスソース」などの名前で市販されている。

＊4　ジフィのコーンマフィンミックス
小麦粉、コーンミール、砂糖、ショートニング、ベーキングソーダなどが使われている。日本では市販のマフィンミックスなどにコーンミールを加えるとよい。

第10章　メインディッシュ　113

好みのサイドディッシュもダッチオーヴンで作ってみよう

CHAPTER II
SIDE DISHES
サイドディッシュ

サイドディッシュは、料理人で好みがさまざまなように、
食べる人によって選ぶメニューが変わる。
ダッチオーヴンを使えば、まるで家庭のオーヴンを使っているかのように、
そんな多様な好みにも簡単に合わせられる。
トウモロコシやズッキーニのキャセロール、
アスパラガスとワイルドライスなどのサイドディッシュを好みの通りに仕上げられるだろう。

この章で紹介しているサイドディッシュは、私が昔からよく作っているお気に入りばかりだ。カウボーイたちが親しんできたレシピもあれば、ノースウッズの名物料理もある。

歴代のボーイスカウトやガールスカウトたちに大人気だったレシピもある。

ANEEDA'S MACARONI & CHEESE
アニーダのマカロニ&チーズ

このマカロニ&チーズのレシピは、私の母の料理を知る誰もが欲しがった。母は料理が上手だったからだ。母が父と結婚したのは、彼女が人里離れた学校で教師をしていた頃だ。父は獣に罠を仕掛ける猟師だった。私が料理好きになったのも、料理の本を書くことになったのも、母のおかげだ。

4人分　ダッチオーヴンのサイズ：10インチ
　　　 調理道具：直径17〜18cmの深めのアルミ型

[材料]

マカロニ……1カップ
塩……小さじ1と1/2
卵……2個
牛乳……1カップ
ベルビータのチーズ*1……450g
パン粉……1カップ
こしょう……少々
マーガリン……適量
オールスパイス、または、こしょう……適量

[作り方]

1 沸騰した湯に小さじ1/2の塩を加え、マカロニを入れて、袋の時間通りにゆでる。
2 ボウルに卵を割りほぐし、牛乳と小さじ1の塩を加えて混ぜる。
3 1のマカロニを2に加えて混ぜる。
4 3をアルミ型に入れて、薄切りにしたチーズをマカロニの上にのせる。
5 パン粉を振りかける。
6 マーガリンの小片をパン粉の上に散らす。
7 オールスパイス、またはこしょうを振る。
8 アルミ型を熱したダッチオーヴンに入れ、蓋をして、マカロニ&チーズが黄金色になるまで加熱する。

[訳者注]
*1　ベルビータのチーズ
クラフト社のチーズ。日本では好みのチーズでよい。

HIGH PLAINS HOMINY
ひき割りトウモロコシのキャセロール

カウボーイたちのお気に入り料理の代表といえば、ひき割りトウモロコシのキャセロールだ。このレシピは、何年も前に幌馬車大会の勝者であり、ダッチオーヴン料理人として有名なビル・コーブルと猟をしたとき、彼に教えてもらったものだ。テキサス生まれのビルは、『Barbecue, Biscuits & Beans』の共著者の1人でもある。「ひき割りトウモロコシは嫌い」と言って敬遠する人は多いが、このレシピを一口食べると、たいていはおかわりをもらいにくるほどだ。

5～6人分　ダッチオーヴンのサイズ：**10インチ**
調理道具：**直径約23cmのダッチオーヴン用アルミ鍋、スキレット、トリベット**

[材料]
ベーコン……6枚
玉ねぎ（粗みじん切り）……1/2個
ひき割りトウモロコシ缶（水気をきる）*1……2缶
サルサソース……大さじ5
チェダーチーズ（おろす）……1カップ
缶詰のチリ（なければマイルドなグリーンチリ2本。1本は刻み、1本は4等分に切る）
　　　　　　　　　　　　　　　　　　……1缶
唐辛子……3本

[作り方]
1　スキレットでベーコンを炒め、取り出す。
2　スキレットに残ったベーコンの油で、玉ねぎを柔らかくなるまで炒める。
3　アルミの鍋に、炒めた玉ねぎ、ひき割りトウモロコシ、サルサソース、チェダーチーズ、チリ（少量を飾り用にとっておく）、ベーコンの2/3量を入れて混ぜる。
4　ダッチオーヴンの底にトリベットを置き、その上に3をのせる。
5　飾り用のチリ、残りのベーコンを散らす。
6　ダッチオーヴンに蓋をして、チーズが溶けるまで熱する。

[訳者注]
*1　ひき割りトウモロコシ缶
日本では缶詰タイプは手に入りにくいので、スイートコーンの缶詰で代用する。

第II章　サイドディッシュ

MISS PAM'S BEAN HOLE BEANS
ミス・パムのビーンホール・ビーンズ

私の友人であるケンとパムのフレンチ夫妻は、メイン州の家にビーンホール（第6章参照）を持っている。パムは、ビーンホール料理好きの間では有名だ。彼女はダッチオーヴン料理の水分を保つためによくアルミホイルを利用する。蓋を挟むように上下に2枚使うことで、さらにその効果が高まると言う。このレシピは、かなり長時間、加熱する。ときにケンは食事の前夜からビーンホールに料理を仕込むのだそうだ。

 8人分　ダッチオーヴンのサイズ：12インチ

[材料]

乾燥キドニービーンズ……900g
刻んだベーコン……450g
モラレス……3/4カップ
ブラウンシュガー……1と3/4カップ
玉ねぎ（中サイズ）……2個
粒マスタード……小さじ2
塩、こしょう……各少々

[作り方]

1　キドニービーンズは、約12時間水に漬けてから、ダッチオーヴンに入れる。
2　ダッチオーヴンを火にかけて沸騰させ、柔らかくなるまで煮る。煮ている途中で水が足りなくなりそうなときは、お湯を足す。煮上がったら、キドニービーンズがひたひたになるくらいの水を残して、余分は捨てる。
3　ベーコン、モラレス、ブラウンシュガー、玉ねぎ、マスタード、塩、こしょうを加え、よく混ぜる。
4　アルミホイルでダッチオーヴンをふんわりとおおう。アルミホイルをふんわりとかけることで、蓋をしたときに破れるのを防ぐ。
5　アルミホイルの上からしっかりと蓋をする。その上から、もう1枚のアルミホイルをかける。
6　熱したビーンホールにダッチオーヴンを下ろし、15時間加熱する。

JACK SQUASH
ジャック・スクワッシュ

スクワッシュは、アメリカインディアンの大好物だった。ここで紹介するのは、チーズとの相性がよく、誰にも愛されるスパイシーなレシピだ。

 5〜6人分　ダッチオーヴンのサイズ：**12インチ**
調理道具：**直径約23cmのダッチオーヴン用アルミ鍋、スキレット、ケーキラック**

[材料]

イエロー・スクワッシュ（P113参照）……1350g
塩……小さじ1/2
卵……1個
玉ねぎ（大きめ 粗みじん切り）……2個
バター……大さじ2
ソーダクラッカー*1……20枚
ペッパージャックチーズ（おろす）*2……2カップ
油……適量

[作り方]

1　沸騰した湯に塩を加え、スクワッシュを入れて、柔らかくなるまでゆで、ザルにあげて冷ます。ダッチオーヴンを熱しておく。
2　スクワッシュをフォークでつぶし、油をひいたアルミ鍋に入れる。
3　卵を割り溶き、2の上に回しかける。
4　スキレットにバターを入れて玉ねぎを炒める。3にのせる。
5　粗く砕いたソーダクラッカーの半分を散らし、その上にチーズ1と1/2カップを散らす。残りのソーダクラッカー、チーズを順に散らす。
6　ダッチオーヴンの底にケーキラックを置き、その上に5をのせる。
7　ダッチオーヴンの蓋をして加熱する。チーズが溶けてクラッカーが黄金色に焼けたらできあがり。

[訳者注]
*1　ソーダクラッカー
小麦粉と重曹、水だけで作ったシンプルなクラッカー。
*2　ペッパージャックチーズ
唐辛子やこしょうなど、数種類のスパイスが入った辛味のあるチーズ。

STUFFED BAKED APPLE
スタッフド・ベークド・アップル

米国ではおなじみの詰め物入り焼きリンゴだ。私がボーイスカウトだった頃は、仲間みんなの大好物だった。多くはサイドディッシュとして出されるが、デザートにも向いている。誰に出しても喜ばれるレシピなので、ダッチオーヴン料理の初心者にはぴったりだ。

 4人分　ダッチオーヴンのサイズ：**12インチ**
調理道具：**直径23cmのダッチオーヴン用アルミ鍋、トリベット**

[材料]
- 硬く酸味のあるリンゴ（紅玉など）……4個
- レーズン、またはクランベリー……1/3カップ
- 細切りアーモンド……1/3カップ
- シナモン……小さじ1/2
- ナツメグ……小さじ1/2
- 水……2カップ
- 濃縮オレンジジュース*1……113g
- はちみつ……大さじ2

[作り方]
1. リンゴを洗い、底の部分を残して芯をえぐり取る。ペティナイフでもできるが、リンゴ専用の芯抜きがあるとやりやすい。
2. ボウルにレーズン、アーモンド、シナモン、ナツメグを入れて混ぜる。
3. リンゴの穴に2を詰める。
4. ボウルに水、オレンジジュース、はちみつを入れて、よく混ぜる。
5. 3をアルミ鍋にのせ、4をリンゴに注ぎかける。
6. ダッチオーヴンにトリベットを置き、その上にアルミ鍋をのせる。
7. ダッチオーヴンに蓋をして、リンゴが柔らかくなるまで加熱する。

[訳者注]
*1　濃縮オレンジジュース
希釈して使うタイプの濃縮オレンジジュース。

MISS BOBO'S SWEET POTATOES
ミス・ボボスのスイートポテト

私がこのサイドディッシュの作り方を教わったのは、アラバマで開かれたダッチオーヴンの会だった。レシピの考案者は、テネシー州リンチバーグのレストラン「ミス・ボボス」と聞かされた。ミス・ボボスは何度も訪れたが、料理はいつも最高においしい。このウィスキーの香りたっぷりのスイートポテトを食べた人なら、誰もが私の感想に納得すると思う。

 ダッチオーヴンのサイズ：**14インチ深型**
調理道具：**大きめの鍋、大きめのパウンドケーキ型、またはローフ型**

[材料]
スイートポテト（大きめ）＊1……4個
バター（室温にもどす）……1/4カップ
砂糖……3/4カップ
塩……小さじ1/8
ジャックダニエルのテネシー・ウィスキー……1/4カップ
ピーカン……1/2カップ
飾り用ピーカン……適量
油……適量

[作り方]
1 鍋にスイートポテトを入れ、かぶるくらい水を入れて沸騰させる。蓋をして、スイートポテトが柔らかくなるまで、約35分ゆでる。ザルにとり、冷ましてから皮をむく。
2 ボウルに移し、バターを加えて、スイートポテトをつぶす。
3 砂糖、塩、ウィスキーを加え、よく混ぜる。
4 油を塗ったパウンドケーキ型、またはローフ型に3の半量を入れて平らにならす。ピーカンの半量を散らし、残りの3を入れてならす。飾り用のピーカンを散らす。
5 ダッチオーヴンに4を入れ、蓋をして、火が完全に通るまで約30分、加熱する。

[訳者注]
＊1　スイートポテト
日本の一般的なさつまいもより水分が多く、甘味も強い。安納芋に近い。

ダッチオーヴンは、焼き菓子には理想的な道具だ

CHAPTER 12
DESSERTS
デザート

最愛のダッチオーヴン料理が何かと聞かれたら、「デザートがベスト」と答えるだろう。
私が愛する黒光りした鍋は、しっとり感や甘み、香ばしさなどを
パイやケーキ、クッキーの焼き菓子に与えてくれる。
不思議と、あの独特の風味は電気やガスのオーブンでは引き出せないのだ。

開拓時代のカウボーイや炭鉱夫、探検家の中には、何日も荒野をさまよいながら、フレッシュな桃や桃のデザートが食べたくてたまらなかったと書き残している人たちがいる。私も彼らの気持ちはよく分かる。長期間、野外で生活していると、「ピーチコブラー」と呼ばれる桃の焼き菓子、パイナップルのアップサイドダウンケーキ、アップルパイ、ブレッドプディング、ココナッツパイが恋しくなり、無性に食べたくなるのだ。

この章では、そんな昔ながらのデザートを私のお気に入りのレシピで紹介しよう。

事前に用意しておいて欲しいのは、ダッチオーヴンに入るサイズのアルミ製のケーキ型、またはアルミホイルで作られたケーキ型だ（第8章参照）。生地を直接ダッチオーヴンに流し込むと、生地に混ぜた糖分や果実の酸が鍋に付着してしまう。糖分や酸はきれいに洗い流すのが難しいため、シーズニングをやり直さなければならないこともあるからだ。

PINEAPPLE UPSIDE-DOWN CAKE
パイナップル・アップサイドダウンケーキ

直径約25cmのパイナップルのアップサイドダウンケーキ用型*1が家庭用品の中にあれば、このケーキ作りはもっと簡単になる。野外で1日中過ごし、キャンプに戻ってきたら、このケーキを作ってのんびりしたいものだ。

6人分
ダッチオーヴンのサイズ：**12インチ**
調理道具：**アップサイドダウンケーキ用型、または丸ケーキ型、トリベット**

[材料]
バター（室温に戻す）……1/4カップ
ブラウンシュガー（三温糖など）……1/2カップ
パイナップル缶（スライスタイプ シロップと実は分けておく）……1缶
マラスキーノ・チェリーの瓶詰め（小）……1瓶
ジフィのゴールデン・イエロー・ケーキミックス*2……1箱
卵……1個

[作り方]
1 ダッチオーヴンを熱しておく。
2 アップサイドダウンケーキ用型の底にパイナップルを並べ、ブラウンシュガーを振りかける。
3 それぞれのパイナップルの中央にチェリーを置く。
4 ボウルにイエローケーキ・ミックスを入れ、卵、パイナップルシロップの半分を加えて、電動ミキサーで4分、攪拌する。
5 4を3の型の中に流し込む。ダッチオーヴンの底にトリベットかケーキラックを置き、その上に型をのせる。蓋をして黄金色に焼く。
6 竹串を刺してみて、クリーム状の生地がついてこなければできあがり。
7 型をオーヴンから取り出し、残りのパイナップルシロップを回しかける。そのまま2分間冷ます。
8 やけどに注意しながら、7を大皿に返し、パイナップルを敷いた面を表にする。温かいうちにテーブルに出す。

[訳者注]
*1 パイナップルのアップサイドダウンケーキ用型
底が輪切りパイナップルの形にかたどられた専用型。ない場合は、丸型や四角いケーキ型でもよい。
*2 ジフィのゴールデン・イエロー・ケーキミックス
小麦粉、砂糖、ショートニングなどが使われているミックス粉。ホットケーキミックスで代用できる。

BUBBLY PEACH COBBLER
シンプル・ピーチコブラー

あまりにおいしいものだから、さぞや手をかけて作られたのだろうと思われるようなピーチコブラーのレシピを、私は長年探していた。やっと見つけたのがこのレシピだ。私の願いをすべてかなえてくれた絶品の味だ。

6人分　ダッチオーヴンのサイズ：**12インチ**
調理道具：**直径約23cmのアルミかステンレスの丸ケーキ型、トリベット**

[材料]
バター……60g
桃（皮をむいて薄切り 缶詰でもよい）……4カップ
砂糖……1カップ
小麦粉……1カップ
牛乳……1カップ

[作り方]
1　ダッチオーヴンを熱しておく。
2　バターをケーキ型に入れて溶かし、全体に広げる。桃と砂糖を入れる。
3　ボウルに小麦粉と牛乳を入れて混ぜ、2に加える。
4　ダッチオーヴンの底にトリベットを置き、その上にケーキ型をのせ、蓋をする。
5　表面が黄金色になるまで焼く。

ROGER'S QUICK COBBLER
ロジャーのスピードコブラー

私は、ロジャー・グレーヴスがオーナーとシェフを務める「幌馬車フリント・リバー」のクルーであり、料理人の1人だ。「フリント・リバー」は、20人から700人ものイベント料理を数多く手がけてきた。その中から紹介したいのが、このレシピだ。コブラーを手早く大量に焼き上げられるように、ロジャーが考案した。使い捨てのアルミホイル製の丸型トレイを使うので、後片付けも簡単だ。

6人分
ダッチオーヴンのサイズ：**12インチ**
調理道具：**直径約23cmのアルミホイル製で深めの丸型トレイ、トリベット**

［材料］
バター……60g
砂糖……1/3カップ
牛乳……1/3カップ
ルイジアナ・フィッシュ・フライのコブラーミックス*1……1箱
桃の缶詰（スライスタイプ シロップと実は分けておく ブラックベリー缶でもよい）
　　　　　　　　　　　　　　　　　　　　……1と1/2缶

［作り方］
1　ダッチオーヴンを熱しておく。
2　丸型トレイにバターを入れて溶かす。
3　ボウルに砂糖、牛乳、コブラーミックスを入れて混ぜる。
4　2に3を流し込み、バターとよく混ぜ合う。
5　缶詰のシロップ半量をまわしかけ、桃のスライスをのせる。
6　ダッチオーヴンの底にトリベットを置き、5を入れて、蓋をして、黄金色になるまで焼く。
7　温かいうちに取り分ける。

［訳者注］
*1　ルイジアナ・フィッシュ・フライのコブラーミックス
ルイジアナ・フィッシュ・フライ社のミックス粉。日本ではホットケーキミックスで代用するとよい。

第12章　デザート

FRENCH COCONUT PIE
フレンチ・ココナッツパイ

このパイは、私の大好きなダッチオーヴン料理の一つだ。ガーデンパーティーや庭で料理を作るとき、南国の甘い香りがするフレンチ・ココナッツパイが登場すると、もうみんな大歓声だ。

 8人分
ダッチオーヴンのサイズ：**12インチ**
調理道具：**直径約23cmのアルミかステンレスの丸ケーキ型、トリベット**

[材料]
卵……1個
砂糖……1/2カップ
溶かしバター……1/4カップ
レモンジュース……小さじ1
バニラ・エキストラクト*1……小さじ1/2
エンジェルフレークのココナッツ缶*2……1/2缶（約50g）
市販のパイクラスト（直径20cm程度）*3……1枚

[作り方]
1　ダッチオーヴンを熱しておく。
2　ボウルに卵、砂糖、バター、レモンジュース、バニラ、ココナッツを入れ、塊がなくなるまで、よく混ぜる。
3　パイクラストに2を流し入れる。
4　3を丸ケーキ型に入れてから、トリベットを中に敷いたダッチオーヴンに入れ、蓋をする。
5　黄金色になるまで焼く。

[訳者注]
*1　バニラ・エキストラクト
バニラをオイルに浸けて風味を移したもの。製菓材料店やネット通販などで手に入る。バニラ・エッセンスで代用してもよい。
*2　エンジェルフレークのココナッツ缶
甘みをつけた、しっとりしたココナッツフレーク。日本でも袋入りが手に入るが、無糖が多いので、砂糖の分量を増やす。
*3　市販のパイクラスト
日本のパイ生地は冷凍のシートタイプが多く、皿タイプは少ない。皿状のクラストはタルト用のほうが手に入りやすい。好みでどちらを使ってもよい。

第12章　デザート

SOFEE'S APPLE PIE
ソフィーのアップルパイ

このレシピで作るアップルパイは、私の家族の大好物だ。ダッチオーヴンの料理人はレパートリーの中に、アップルパイのレシピを持っているべきだと思う。そうでなければ、米国人ではないと言いたいくらい、アップルパイは私たちのソウルフードなのだ。

8人分 ダッチオーヴンのサイズ：**12インチ**
調理道具：**直径約23cmのアルミ製丸ケーキ型か耐熱ガラスの丸皿、トリベット**

[材料]
グラニースミス種のリンゴ*1 (1.5～2cm幅に切る)……6カップ
レモンジュース……大さじ1
砂糖……1/2カップ
シナモンパウダー……小さじ1/2
バター……大さじ1
市販のパイクラスト(P137参照)……2個

[作り方]
1 ダッチオーヴンを熱しておく。
2 大きめの鍋に、リンゴ、レモンジュース、砂糖、シナモンパウダー、バターを入れ、10分加熱する。
3 ケーキ型、または耐熱ガラス皿に添わせるように1個のパイクラストを敷き、2の生地を流し入れる。
4 2つ目のパイクラストを平らにのばし、テープ状に切る。残った生地は、リンゴや葉の形に切り取る。
5 テープ状のパイ生地を3の上に格子状にのせる。リンゴや葉形のパイ生地は、その上に飾る。
6 ダッチオーヴンの中にトリベットを置き、その上に5をのせて、蓋をする。
7 黄金色になるまで焼く。

[訳者注]
*1　グラニースミス種のリンゴ
日本では紅玉がよい。

第12章　デザート　139

CHUCKWAGON BREAD PUDDIN'
幌馬車隊のブレッドプディング

幌馬車での夕食や庭に持ち出したテーブルで食べるデザートの中で、温かく甘いソースがかかったブレッドプディングほど、心も体も豊かに満たしてくれるものはない。このレシピは、ずいぶん昔にカナダ人の旅行ガイドから教えてもらった。ビル・コーブルから教えてもらったバーボン・ソースのレシピも一緒に紹介しよう。プディングにソースを混ぜて食べると、あまりのおいしさに感動するはずだ。

 ダッチオーヴンのサイズ：**12インチ**
調理道具：**直径約23cmのアルミかステンレスの丸ケーキ型、トリベット**

幌馬車隊のブレッドプディング

［材料］
ビスケット（残りものでよい）……12個（またはローフ型のフォカッチャ1/2量）*1
卵……2個
エバミルク缶……1缶（約340g）
バター……大さじ1
砂糖……1/3カップ
レーズン……1/2カップ
ナツメグ……小さじ1
バニラ・エキストラクト（P137参照）……大さじ1
シナモンパウダー……大さじ1

［作り方］
1　ダッチオーヴンを熱しておく。
2　ビスケット、またはフォカッチャを2〜3cm角に切る。
3　ボウルに卵を割り溶き、エバミルクを加えて混ぜ合わせる。
4　バターを溶かし、3に加える。砂糖、レーズン、ナツメグ、バニラ、シナモンパウダー大さじ1/2を加え、混ぜ合わせる。
5　2をケーキ型に入れ、4を注ぎ入れて、軽く混ぜる。しばらく置いて、全体に染みこむようにする。残りのシナモンを全体に振る。
6　トリベットを底に置いたダッチオーヴンにケーキ型を入れ、蓋をする。
7　黄金色になるまで焼く。温かいうちに取り分け、バーボンソースをかけて出す。

バーボン・ソース

［材料］
溶かしバター……1/2カップ
砂糖……1/2カップ
ハーフ&ハーフ（牛乳と生クリームを半量ずつ合わせる）……1/2カップ
バニラ・エキストラクト……大さじ1
バーボン、またはラムやアマレット……1/2カップ

［作り方］
小さく浅めのダッチオーヴンにすべての材料を入れ、静かに沸騰させる。温かいうちに、ブレッドプディングにかける。

［訳者注］
*1　ビスケットまたはフォカッチャ
ビスケットはスコーンのような南部風ビスケット（P75）のこと。甘みの少ないパンであれば、なんでもよい。

TRIPLE CHOCOLATE DELIGHT
トリプル・チョコレートケーキ

家族にチョコレート好きがいれば、この3種類のチョコレートを使うケーキはキャンプファイヤーを囲むときの人気スイーツになるだろう。ケーキミックスを使うので準備は簡単。短時間で焼けるのもいい。

 ダッチオーヴンのサイズ：**12インチ**
調理道具：**アルミホイル、クッキングスプレー**

［材料］
チョコレート・ケーキミックス*1……1箱
チョコレート・チップ……1袋（約680g）
チョコレート・フロスティング*2……1缶

［作り方］
1 チョコレート・ケーキミックスの箱に記載されている手順に従って、材料を混ぜ合わせる。
2 チョコレートチップを1に加えて混ぜる。
3 ダッチオーヴンの内側にアルミホイルをぴったりと敷き、クッキングスプレーをかける。2の生地を流し込み、蓋をして火にかける。
4 中央に竹串を刺して、クリーム状の生地がついてこなければ、できあがり。
5 十分に冷ましてから、チョコレート・フロスティングを全体に塗る。
6 切り分けて、アイスクリームを添える。

［訳者注］
*1 チョコレート・ケーキミックス
さまざまなメーカーから市販されているので、好みのものを。商品によっては卵や油、牛乳が必要になるものもある。
*2 チョコレート・フロスティング
米国のケーキには欠かせない卵白にバターと砂糖を加えたクリーム。日本では輸入食材店やインターネット通販などで手に入る。

山岳を歩き回る開拓者や探検家たちは、鋳鉄鍋をいつも携帯していた

CHAPTER 13
A BRIEF HISTORY OF THE DUTCH OVEN
ダッチオーヴンの歴史

なぜダッチオーヴンをこれほどまで愛するのか。私たち愛好家は、周囲からよく質問される。
その理由は、「先人とのつながりを感じることができるから」だ。ダッチオーヴンには、
人々が自然とともに暮らしてきた歴史が染みこんでいる。
私自身、料理をしながら、かつて私と同じように火をおこし、
鍋を温めただろう開拓者や猟師、山男、幌馬車隊の料理人たちの姿を脳裏によく浮かべる。
人の営みが続いていると感じられる時間は、とても豊かな気持ちになるものだ。
この章では、そんなダッチオーヴンの歴史を振り返ってみよう。

鋳鉄鍋の始まり

　鋳鉄鍋が書物に登場するのは、7世紀頃にさかのぼる。イギリスのエドワード3世が統治していた14世紀頃には、すでに鋳鉄鍋は宝物として扱われていたようだ。

　コロンブスが大航海に乗り出した15世紀、彼が新世界への航海中、鋳鉄鍋を使っていたかどうかは不明だが、料理に鉄釜を使っていたことは確かなようだ。船の調理場には大きな砂箱が設けられ、海が穏やかなときにはコックが火をおこし、その上に吊るされた鉄釜で料理を作ったという。

　清教徒たちが大西洋を渡って新世界へ向かったときも、コロンブスと同じような設備で料理したことが記録されている。当時は、単なる「釜」と呼ばれていた鋳鉄鍋だが、1650年頃になると、アメリカで製造されたという最初の記録が登場してくる。そして、鋳型を使ったアルミのダッチオーヴンがようやく姿を現すのは、1889年頃だ。

ダッチオーヴンの誕生

　現代の私たちがよく知っているダッチオーヴンは、18世紀の初頭に登場した。熱を均等に保つことができる重い鋳鉄鍋は、ヨーロッパで高く評価されていたようだ。

私たちが現在、親しんでいるダッチオーヴンは、米国の建国初期の入植者には必要不可欠だった料理道具から発展したものだ。すべての料理を暖炉の火で煮炊きしていた当時は、鋳鉄のダッチオーヴンが料理の大半を作ってくれる大切な道具だった

ルイジアナ買収に関わった多くの冒険家達にとって、ダッチオーヴンを使う場所がキッチンだった

同時期の米国でも、鋳鉄鍋の需要は急速に伸びていた。鉄製の薪ストーブはまだ発明されておらず、ほとんどの料理は台所に備え付けられた暖炉、または野外の焚き火で調理されていた。鋳鉄鍋は、こうした料理法に理想的な鍋として、人気を集めていた。

当時の鍋は、3本の脚を持ち、底が平らな形をしており、炭の上に置きやすいように工夫されていた。銀細工師であり、愛国者としても有名なポール・リビアがダッチオーヴンのデザインを改良し、現代のような形にしたとも言われている。

諸説ある名前の由来

「ダッチオーヴン」の名前の由来は、はっきりとは分かっていない。最も信憑性が高いのは、ジョン・ラグスデールが著した『Dutch Oven Chronicled』による説だ。1704年に英国人の鋳造工場主、エイブラハム・ダービーが、オランダ(ダッチ)の鋳造所を見学に行ったことから名づけられたという。

当時のオランダは砂を使った鋳造技術がもっとも進んだ国であり、分厚い鋳鉄鍋が大量に英国に輸出されていた。ダービーはオランダでの工場見学を元に研究を進め、乾いた砂を使った鋳型で鉄鍋を作る技術を完成させた。1708年、彼は特許権を登録。鋳鉄鍋の大量生産に取り組むようになった。

18世紀の中頃には、これらの鉄鍋が新大陸にも送られるようになった。最初はオランダの鍋を意味する「ダッチポット」と呼ばれたが、それがのちに「ダッチオーヴン」という呼び名に変わったようだ。

もう一つの説は、鋳鉄鍋が米国で人気を博してから、英国やニューイングランドの鋳造所が大量に製造を始め、それをオランダの商人が米国中に売り歩いたというものだ。彼らは、米国の植民地や開拓地区を巡り、鋳鉄鍋を商ったので、ダッチオーヴンと呼ばれたというわけだ。

他にも諸説あるが、今となってはどれが正しいのかは分からない。分かっているのは、この名前が定着し、人々に愛用されるようになってから、すでに3世紀近く経っているということだ。

ダッチオーヴンは、開拓者たちがアパラチア山脈に向かって旅を始めたときには、すでに彼らの大切な必需品となっていた。彼らは狩猟のため、山岳の未開拓地に入り込むときには、ダッチオーヴンをベースキャンプまで運び込んでいた。歴史家のハリエット・シンプソン・アーノウは、著書『Seedtime on the Cumberland』で、1769年、七面鳥を仕留めた猟師が、18kgもの獲物を料理できるほどの大きなダッチオーヴンを持ち合わせていなかった、という記録を残している。

ルイス・クラーク探検隊もダッチオーヴンを携帯

メリウェザー・ルイス大尉とウィリアム・クラーク少尉の探検旅行は、キャンプの旅としては世界一有名な旅と言っても過言で

19世紀初頭の山男たちは、ベースキャプでダッチオーヴンを使った。毎年、開かれる交易の場でもダッチオーヴンは人気の品だった

薪ストーブをまだ持っていなかったアパラチア山脈に最初に入植した人々は、暖炉とダッチオーヴン、スキレットだけで生活していた

はないだろう。1804年、米国史上に燦然と輝くルイス・クラーク探検隊は、トーマス・ジェファーソン大統領の命を受けて、新しく領地として加えられたルイジアナのセントルイスを出発し、陸路を歩み続け、大西洋までの探検の旅に出発した。当時の鋳鉄鍋の普及ぶりを考えると、この探検隊も旅行に携帯したと考えるのは、しごく当然のことだろう。

しかし、ルイス大尉が残した日記や隊員のパトリック・ガスの著書を調べたのだが、ルイスが購入した品物のリストには鋳鉄鍋の記述をどこにも見つけることができなかった。

2003年、私は、ネブラスカ大学で教鞭をとるゲーリー・E・モルトン教授の講義を拝聴に行った。モルトン教授は、ルイスとクラークの探検の権威だ。講義が終わってから、私は教授に自分の研究が行き詰まっていることを打ち明けた。すると彼はにっこりと笑い、「隊員だったジョセフ・ホワイトハウスの探検日記を読んでみなさい。きっと探していることが見つかるから」と教えてくれた。

さっそく私はホワイトハウスの日記を探し出し、調べてみた。すると、1805年6月11日火曜日、彼は、ダッチオーヴンを大切に保管しているという日記を書いていたのである。これで、ようやくルイス・クラーク隊がダッチオーヴンを携えて旅したことが証明されたのだった。

山男たちとダッチオーヴン

ルイスとクラークの探検旅行の後、山男たちが続々と西へ向かった。目当ては、ビーバーの皮だ。彼らはヨーロッパ人が足を踏み入れることの無かった山奥にまで踏み込んでいった。

彼らの活動記録は数多く残されており、ダッチオーヴンが生活の必需品であったことは、それらの記録からもよく分かる。たとえば、山男として有名なオズボーン・ラッセルは、1834年4月の日記に「鋳鉄鍋にしばらく油を塗っていない」などと記述している。

ドン・ホルム著の『Old Fashioned Dutch Oven Cookbook』

第13章 ダッチオーヴンの歴史　147

には、ルイス・クラーク隊の隊員だったジョン・コルターがその後、山男となり、1813年に死亡していることが記されている。そして、コルターのダッチオーヴンがオークションにかけられ、当時の1週間分の給料に当たる4ドルで落札されたとある。コルトは、最期までダッチオーヴンを手放さなかったようだ。

鋳鉄鍋は山男や猟師だけでなく、インディアンも好んで使っており、毎年開かれる毛皮の交易会では、人気の高い商品だった。

西部開拓や南北戦争でも必携

19世紀、幌馬車隊に入隊し、西部を目指す開拓民にとって、ダッチオーヴンがいかに重要な必需品であったかは、数々の記録が示している。たとえば、ソルトレーク湖を目指したモルモン教徒にも黒い鋳鉄鍋は生活に欠かせない道具だった。当時、ユタのビンガムやプライスなどの鉱山を掘っていた炭鉱夫たちも、ダッチオーヴンを何よりもかけがえのない生活用品として重用していたという。

人里離れた地に住み着いた入植者や農場主には、料理をする場所と言えば家の中の暖炉であり、ダッチオーヴンなどの鋳鉄鍋は必要不可欠な家財道具だった。燃料となる木材が不足している地域では、牛やバッファローの糞を乾かしたものを燃料としたと伝えられている。

西部開拓時代、鋳鉄のダッチオーヴンが大活躍をしたのは、なんといってもおなかを空か

幌馬車隊の炊事班には、牧畜業が始まって以来、ダッチオーヴンが料理道具の中心だった

せた牧場の労働者が食事をするときだっただろう。米国の大農場は、ときに何日も馬で旅しなければならないほど広大だ。幌馬車隊の炊事班は、少なくとも数個のダッチオーヴンを常備しなければならなかった。今日でもそれは変わらない。

チャールズ・ラッセルやフレデリック・レミントンの絵には、当時のカウボーイたちが炊事用の幌馬車を囲んで食事を取っている様子が生き生きと描かれている。

米国を分断した南北戦争にも、ダッチオーヴンは駆り出された。食料として携帯された豆やコーンミールは、ダッチオーヴンで料理となり、兵士たちの腹を満たした。携帯食料に窮したときには、その土地で作られていたコーンやピーナッツ、カブなどを、ダッチオーヴンで調理したはずだ。

ロッジ社のキャストアイアン鋳造所が創業

ロッジ社が誕生したのは、1896年だ。創業者のジョセフ・ロッジは、テネシー州サウスピッツバーグに鋳鉄の鋳造所を建てた。この鋳造所は、次第にダッチオーヴンの製造で知られるようになっていった。今日、ロッジ社は、世界でも最新技術を誇る鋳鉄鍋の鋳造所であり、ダッチオーヴンの製造で世界をリードしている。そして、米国内では、ただ1つ残った鋳鉄鍋の鋳造所でもある。

スカウトたちが受け継ぐ伝統

第一次世界大戦後、経済成長期を迎えた米国は、広大な大地に産業が広がり、労働者の仮設宿舎も作られるようになっていった。鉱山業や林業、狩猟業者などが、未開拓地の奥深くまで労働者を送り込んだ。それらの宿舎やキャンプ地でも鋳鉄鍋は大活躍していた。

しかし、暖炉よりも安全な薪ストーブが普及し、さらにガスや電気のオーヴンが国中に行き渡るようになると、ダッチオーヴンは生活の必需品ではなくなっていった。そのため、ダッチオーヴンの需要も減り、今ではダッチオーヴンを1つも持っていない家庭も珍しくない。

そんな過去の遺物になりかけたダッチウオーヴンを愛し続け、復活させたのは、ボーイスカウトやガールスカウトだ。彼らは野外での料理器具としてダッチオーヴンの価値をよく知っていた。そして、アウトドアで生活するときは、、鋳鉄鍋による料理法を実践し続けた。今、私たちがダッチオーヴン料理で使っている技法の数々は、スカウトやそのリーダーたちが長年、実際に野外生活を通して得たヒントが元になっている。

料理大会と愛好会がブームの火付け役

1970年代後半から1980年代初めにかけて、米国ではさまざまな料理大会が人気を集めるようになった。幌馬車隊の炊事班によるコンテストだったり、野生肉やチリ・コン・カーンの料理大会などだ。そのどれもに共通しているのは、ダッチオーヴンの使用が復活したことだ。そして、これらの料理大会をきっかけに家庭でもアウトドアのレジャーでも、ダッチオーヴンのよさが広く見直されるようになっていった。

1984年には、愛好家の間で広がるダッチオーヴンの人気をさらに高めようと、「世界ダッチオーヴンソサエティ（IDOS）」が結成された。ユタ州のローガンで、5年にわたりダッチオーヴン料理大会が大成功を収めたことが、IDOS結成のきっかけだった。

ダッチオーヴンへの関心の高まりは、世界的な現象となり、今では世界数カ国にダッチオーヴンソサエティが存在している。たとえば、日本には「ジャパン・ダッチ・オーヴンソサエティ（JDOS）」があり、オーストラリアには「キャンプオーヴン料理の会（COCIA）」がある。

現代は、ダッチオーヴン料理を家の裏庭や公園などで手軽に楽しむ人が多い。かつて先人たちが小さな小屋やキャンプで暮らしていた頃と同じように、ダッチオーヴンを愛する気持ちは昔も今も変わっていない

ダッチオーヴンはユタ州象徴の鍋

現在、米国内でダッチオーヴンの売上高トップを誇るのはユタ州だ。ユタ州の人々は、ダッチオーヴンとその歴史をこよなく愛している。その愛が高じて、1997年には、ダッチオーヴンを州公式の料理鍋として、議会で正式に可決してしまったほどだ。

ダッチオーヴン料理は、今日も着実にファンを増やし続けている。そして、どんな料理もおいしく、楽しく作ることのできるダッチオーヴンには、「歴史」というスパイスがほどよく染みこんでいるのだ。

今も残る創業者ジョセフ・ロッジの生家

CHAPTER 14
VISIT TO THE LODGE MANUFACTURING COMPANY
ロッジ・マニュファクチャリング社訪問記

日本でロッジ製品を輸入販売している「A&F（エイアンドエフ）」は、
2017年12月、秋に完成したロッジ・マニュファクチャリング社の新鋳造所
「サードストリート・ファウンドリー」を訪問した。
日本語版に新しく加えた第14章で、
最新の生産体制を備えたファウンドリーを紹介していこう。

創業以来、絶え間なく鋳造法や施設を改善

ロッジ製品が誕生したのは、1896年。創業者ジョセフ・ロッジがテネシー州サウスピッツバーグに建てた鋳鉄所から生産は始まった。創業当時は、家族経営の小さな鋳造所でストーブや鍋、台所の流しなどを製造していた。

1910年、鋳造所が焼失したことを機に、数ブロック先に新しい鋳造所を建設。同時に、社名を現在の「ロッジ・マニュファクチャリング社」に改めた。

その後もロッジ社は、ほぼ10年おきに新しいビジネスモデルを開発。時代の変化に対応しながら、絶え間なく鋳造法や施設を改善していった。とくに製造において、大きな転換期となった

製造から販売まで同じ敷地内で行っているロッジ・マニュファクチャリング社。本社オフィスも新築された

のは、1991年に導入した新型の電気溶鉱炉だ。磁気エネルギーによる熱発電の導入により、有害廃棄物大量生産企業から少量生産企業へと生まれ変わった。現在、ロッジ社は有機廃棄物排出ゼロの鋳造所として、環境およびメーカー団体から称賛を得ている。

また、業界初のプレシーズニングされた鋳鉄クックウェアを手がけたことが起爆剤となり、2002年には4%だった市場シェアが15%まで拡大。さらに2015年には、鋳造所において過去最大の増設を行ったが、予想を上回る需要を得て、数ヶ月後にはキャパシティオーバーとなった。そこで、2016年半ばに同じ敷地内に新たな鋳造所の増築を決定した。これがA&Fが訪問した新鋳造所「サードストリート・ファウンドリー」だ。

需要増に応える巨大な新鋳造所

サードストリート・ファウンドリーの総床面積は、約12,000㎡。生産能力は、従来比75%増となった。

新鋳造所には、2つの鋳造生産ラインがあり、原材料となる鉄と鋼の融解設備、サンドシステム、2機のサンドキャスト（砂型）圧縮成形機が備えられている。

また、原材料の品質や含有量を一定に保ち、全製品の品質管理を行うマテリアル・ラボもある。これらの設備強化により、サードストリート・ファウンドリーの生産能力は、たとえばスキレットだけであれば、1日当たり4万枚もの生産が可能になった。

デジタル計測機器やオートメーション化された鋳型機などを導入し、生産効率と職場環境を向上させ、自然環境にも配慮しているロッジ社の鋳造所だが、その根底にあるのは、創業以来、変わることのない物づくりへの愛情だ。ロッジ社は現在も家族経営型の企業であり、親子に渡って勤めている社員も多い。米国で唯一の鋳鉄クックウェアメーカーという誇りを持ち、生産・販売している優良企業なのだ。

サードストリート・ファウンドリーの生産工程

ここからは、A&Fが撮影してきた写真で新鋳造所の内部を紹介していこう。

LODGEのロゴが掲げられているサードストリート・ファウンドリー

巨大な鋳造所内部。奥行きは200～300mもある

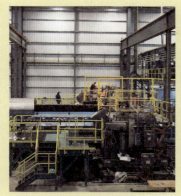
オートメーション化で生産効率を向上

新設された2基の溶解炉（メルトセンター）。ここで原材料は溶解される

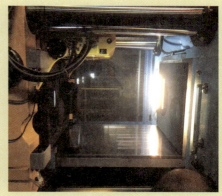
鍋を形作る砂鋳型の圧縮成形機

溶解された液状鉄は砂鋳型に注ぐための生産ラインへ運ばれる

第 14 章　ロッジ・マニュファクチャリング社訪問記　153

長い鋳鉄成形炉の中で鍋は成形されていく

鋳鉄成形炉の中で砂鋳型が粉砕され、成形された鍋が運ばれてくる

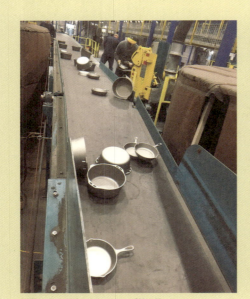
不要なバリを研磨したシーズニング前の鍋

洗浄されたあと、シーズニング工程に回される

シーズニングもオートメーション化され、次々と美しく黒光りしたダッチオーヴンが出てくる

指示票に従って、最終検品と梱包が行われる

完成し、梱包を待つダッチオーヴン

新鋳造所と同じ敷地内に建設された全米最大規模の流通倉庫。スタッフはスマートフォンを持ち、出庫や在庫管理の効率性を向上させている

第14章 ロッジ・マニュファクチャリング社訪問記　155

ロッジ・ファクトリストア（直営店）

　サードストリート・ファウンドリーを新設したロッジ・マニュファクチャリング社の敷地内には、直営店もある。ロッジファンなら、誰もが一度は行ってみたくなる店内を紹介しよう。

カントリーストア風の直営店内。200㎡ほどの広さがある

直営店の前に立つユニークなロッジ製品を使ったオブジェ

すべてのロッジ製品が並ぶ店内は壮観だ

店内にはデモ用のキッチンも備えられている

ダッチオーヴンファンには理想のキッチン

米国で数多く出版されているロッジ関連書籍やアウトドア料理本も入手できる

第 14 章　ロッジ・マニュファクチャリング社訪問記

日本でも長く愛され続けるロッジ
LODGE

1990年にA&Fが初めてロッジを輸入販売してから約30年、米国生まれのロッジは、アウトドア人気の高まりとともに日本にもすっかり定着した。今では家庭で使う調理器具としても愛されている。現在、日本で手に入る代表的なロッジ製品を紹介しよう。

ロジック・キャンプオーヴン
キャンプ用の脚付きタイプ。

L10CO3-10"
●内径／(10インチ)25.5cm
●深さ／8cm　●重さ／5.25kg

L12CO3-12"
●内径／(12インチ)30cm
●深さ／9.5cm　●重さ／8.17kg

ロジック・キャンプオーヴンDEEP（深型）
キャンプ用の脚付きで深さがあるタイプ。

L10DCO3-10"
●内径／(10インチDEEP)25.5cm
●深さ／10.5cm　●重さ／5.71kg

L12DCO3-12"
●内径／(12インチDEEP)30cm
●深さ／12.5cm　●重さ／8.7kg

6インチから16インチのダッチオーヴンを重ねて使うこともできる

L8DO3
ロジック・キッチンオーヴン
-10¼"
キッチンで使いやすい脚が付いていないタイプ。持ち手には滑り止めのリングが付いている。
●内径／（10¼インチ）25.7cm
●深さ／10cm ●重さ／6.1kg

ロジック・スキレット
一般に販売されている鋳鉄のフライパンと違い、厚みがあるので素材にじんわり熱を伝えてくれる。米国では一家に1台あると言われるほど。

L3SK3-6½"
●サイズ／L26×H3.5cm
●内径／（6½インチ）15.5cm
●深さ／3.1cm ●重量／880g

L5SK3-8"
●サイズ／L32.5×H4.8cm
●内径／（8インチ）20.2cm
●深さ／4cm ●重量／1.49kg

L6SK3-9"
●サイズ／L34.8×H4.8cm
●内径／（9インチ）22.5cm
●深さ／4.3cm ●重量／1.93kg

L8SK3-10¼"
10¼"、12"は両手で持てるハンドル付。
●サイズ／L42×H5.2cm
●内径／（10¼インチ）25.7cm
●深さ／4.7cm ●重さ／2.54kg

L10SK3-12"
●サイズ／L45.5×H5.6cm
●内径／（12インチ）29.9cm
●深さ／5.2cm ●重さ／3.6kg

LCC3 ロジック・コンボクッカー
キッチンで使いやすい脚が付いていないタイプ。フタ部分をスキレットとして使うことも。
●サイズ／L42×H5.2×φ26.6cm
●内径／25.7cm
●深さ／鍋:8cm、蓋:4cm ●重量／5.6kg

ロジック・スキレットカバー
スキレット本体の内径に合わせてふちのついた別売りのフタ。裏面の突起は蒸発した水分が料理に落ちてうまみを逃さない構造。

L5IC3-8"
●L5SK3-8"用 ●重量／1.06kg

L8IC3-10¼"
●L8SK3-10¼"用 ●重量／1.83kg

ロジック・スキレットカバー
スキレット本体の内径に合わせてふちのついた別売りのフタ。このカバーには耳が付いている。

L3SC3-6½"
●L3SK3-6½"用 ●重量／630g

L6SC3-9"
●L6SK3-9"用 ●重さ／1.4kg

L10SC3-12"
●L10SK3-12"用 ●重さ／2.32kg

ロジック・グリルパン
波型の底が肉や魚の余分な油を落とし、きれいな焼き目を付けてくれる。丸型と角型がある。

L3GPJPN-6½"
●内径／（6½インチ）15.5cm ●深さ／2.9cm ●重量／1kg

L8GP3-10¼"
●内径／（10¼インチ）25.7cm ●深さ／4.6cm ●重量／2.62kg

L8SGP3 ロジック・スクエア グリルパン-10½"
●サイズ／（10½インチ）26.6×26.6cm ●重量／3.3kg

トリベット
鍋底に敷き、焦げ付きにくくし、余分な水分や油を落としてくれる。
●サイズ／φ20.7cm、厚さ7mm
●重量／700g
※手入れは、洗浄後、加熱せずに、水分を拭き取り、食油を薄くひく。

ダッチオーヴン・クッキング
西部開拓時代から続く鉄鍋レシピの知恵と工夫

2018年 7月20日 初版発行

著者
ジェイ・ウェイン・フィアーズ

訳者
カズヨ・フリードランダー

発行者
赤津孝夫

発行所
株式会社 エイアンドエフ
〒160-0022 東京都新宿区新宿6丁目27番地56号 新宿スクエア
出版部 電話 03-4578-8885

装幀
芦澤泰偉

本文デザイン
五十嵐 徹(芦澤泰偉事務所)

編集
角田奈穂子(フィルモアイースト)

印刷・製本
中央精版印刷株式会社

Translation copyright © Kazuyo Friedlander 2018
Published by A&F Corporation
Printed in Japan
ISBN 978-4-909355-05-8 C0077

本書の無断複製(コピー、スキャン、デジタル化等)並びに無断複製物の譲渡及び配信は、著作権法上での例外を除き禁じられています。
また、本書を代行業者等の第三者に依頼して複製する行為は、たとえ個人や家庭内の利用であっても一切認められておりません。
定価はカバーに表示してあります。落丁・乱丁はお取り替えいたします。

著者紹介
ジェイ・ウェイン・フィアーズ

アウトドア全般に精通した米国在住の作家。テネシー州カンバーランド山脈を故郷に、木こりであり、猟師の父親とカントリースクールの教師をしていた母親に育てられた。ジョージア大学大学院で修士号を取得後、野生動物関連の職を経て、アウトドア専門の作家として活躍。33冊の本を執筆し、記事が掲載された雑誌は6200以上。アウトドアのテレビ番組やイベントへの出演も多い。

Copyright © 2017 by J. Wayne Fears

All rights reserved. No part of this book may be reproduced in any manner without the express written consent of the publisher, except in the case of brief excerpts in critical reviews or articles. All inquiries should be addressed to Skyhorse Publishing, 307 West 36th Street, 11th Floor, New York, NY 10018.

Skyhorse Publishing books may be purchased in bulk at special discounts for sales promotion, corporate gifts, fund-raising, or educational purposes. Special editions can also be created to specifications. For details, contact the Special Sales Department, Skyhorse Publishing, 307 West 36th Street, 11th Floor, New York, NY 10018 or info@skyhorsepublishing.com.

Skyhorse® and Skyhorse Publishing® are registered trademarks of Skyhorse Publishing, Inc.®, a Delaware corporation.

Visit our website at www.skyhorsepublishing.com.

10 9 8 7 6 5 4 3 2 1

Library of Congress Cataloging-in-Publication Data is available on file.

Cover photo credit: Abigail Gehring